はじめに

「霞が関」で働く魅力、課題をリアルに知り国の政策や政治に関心を持ってほしい

はじめまして。この本では、霞が関の不思議でゆかいな日常をゆるっと語っていきたいと思います。まずは、かんたんな自己紹介と本書で伝えたいことから。

霞が関の公務員、いわゆる官僚として働き始めたのは２０１６年。それまでは他業種で10年ほど働いていましたが、ご縁があって大学時代の先輩に誘ってもらい、人事交流という枠組みで霞が関にやってきました。当初は、１～２年働いたらもとの業界に戻るつもりが、中の人になって初めて見えてくるこの不思議な毎日と、興味深い人たちを観察するのが楽しくて（もちろん仕事も予想以上にやりがいがあったので）、正規職員になる試験を受け、はや6年が経ちました。毎日が「シン・ゴジラの世界?」というとちょっ

と言い過ぎかもしれませんが、それくらいダイナミックに、血の通った一人ひとりがこうやって国を動かしていくんだ、ということを実感しています。この本が出版される現在は、霞が関から出向して、霞が関で作った政策を実践していく現場にいます。

官僚、公務員というと、「常識・前例・慣習」をモットーとした、黒子のような顔の見えない存在というイメージがあるかもしれません。でも、世間のイメージとは違う人間味あふれる霞が関の人たちの姿を友達に話すと、印象が変わったと言ってくれたので、このナゾに満ちた知られざる霞が関ワールドを本書でもお伝えできたらと思いました。

本書を通じては、個別案件に関することや政策に対する主義主張の話はしていません。毎日の「へえ、そうなんだ」と思う発見や驚き、「こうだったら良いのにな」と思う妄想、「なんでやねん」と突っ込みたくなることなどなど、徒然に綴ってみました。

外の世界から「霞が関」に入ったことで、よりこの仕事の魅力や「国で働く人」の素顔を新鮮に感じられ、同時に大変さや課題もあることがわかりました。このなかなか知ることのできないリアルな霞が関の日常を知っていただき、より国の政策や政治に関心を持っていただければと思います。

また「霞が関」で働くことに興味や関心はあるけど、〝ちょっとブラックじゃない？

働き方の実態が見えない〝なんか怖そうなところ〟と思って躊躇している人に対して、日常の酸いも甘いも体感してもらえるような内容を心がけたので、霞が関で働くことを考える際の参考にしてもらえたらと思います。多くの人にちょっとでも「霞が関の国家公務員＝官僚」という人たちに親しみを持ってもらえる本になればうれしいです。

執筆するにあたり、私の素朴な疑問に何でも親切に楽しく答えてくれた霞が関で働くたくさんの同僚に感謝と敬意を捧げます。

なお、本書では、霞が関の国家公務員、官僚のことを、親しみを込めて「霞が関の人たち」と呼びたいと思います。最後までゆるりとお付き合いのほど、よろしくお願いします。

霞いちか

※本書の内容は私の所属する組織の見解を示すものではなく、個人の経験と見解に基づくものです。すべての霞が関の人に当てはまる事実ではないことを先にお断りします。

目次

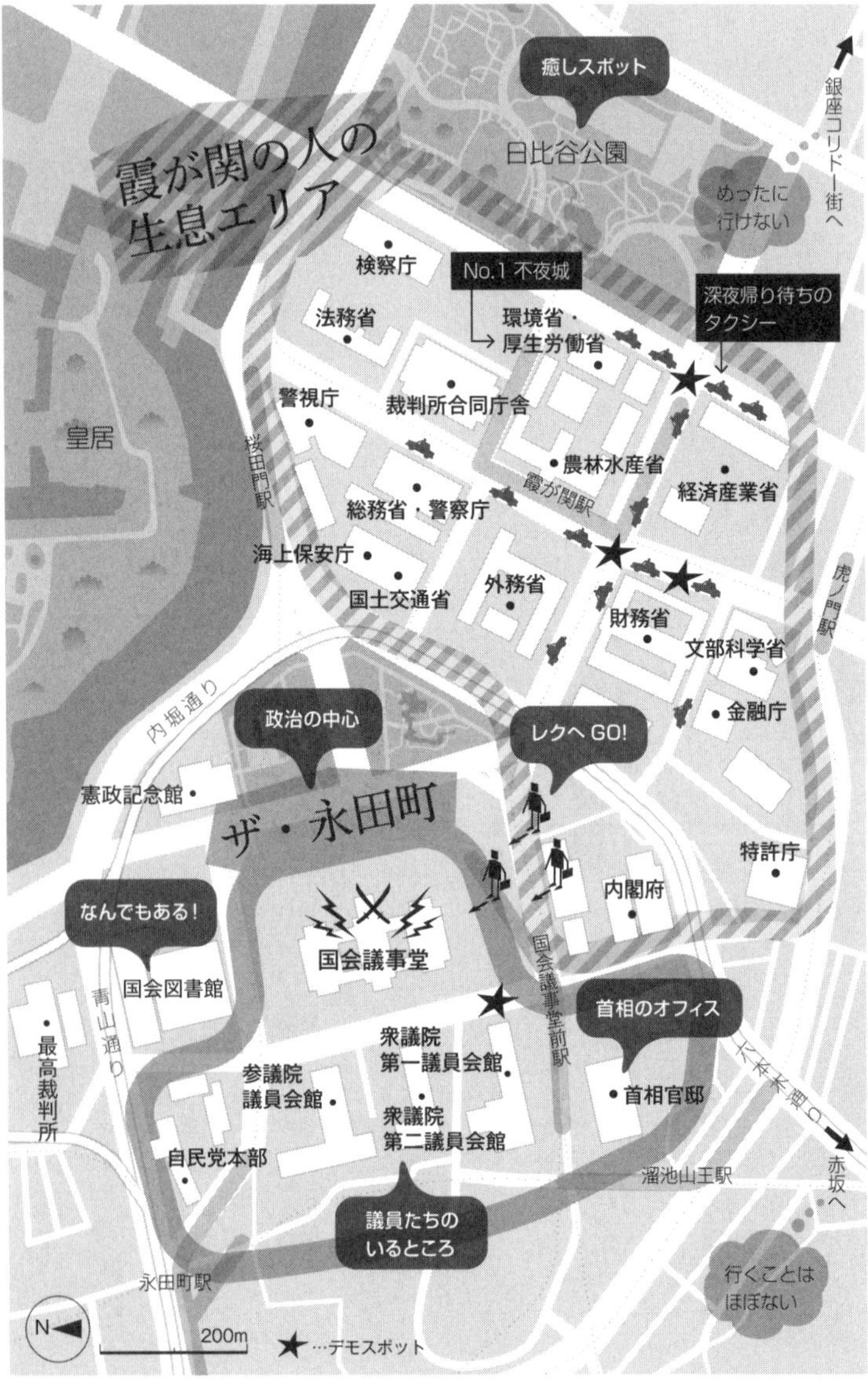

霞が関の人の生息エリア
癒しスポット
日比谷公園
めったに行けない
銀座コリドー街へ
検察庁
No.1 不夜城
環境省・厚生労働省
深夜帰り待ちのタクシー
法務省
警視庁
裁判所合同庁舎
皇居
桜田門駅
農林水産省
経済産業省
霞が関駅
総務省・警察庁
海上保安庁
国土交通省
外務省
財務省
虎ノ門駅
文部科学省
金融庁
内堀通り
政治の中心
レクへ GO!
憲政記念館
ザ・永田町
特許庁
内閣府
なんでもある！
国会議事堂
国会図書館
国会議事堂前駅
首相のオフィス
青山通り
最高裁判所
衆議院第一議員会館
参議院議員会館
首相官邸
六本木通り
衆議院第二議員会館
自民党本部
赤坂へ
溜池山王駅
議員たちのいるところ
永田町駅
行くことはほぼない
N
200m
…デモスポット

第1章

霞が関の人の仕事

国家公務員は毎日何をしているの？

どんな人たちが霞が関で働いている?

入省するとイメージが一変

「官僚」ってどんなイメージですか?

私がこの業界に入る前に想像していたのは、冴えない猫背の7：3分けの髪型の眼鏡をかけた、生気のないオジサンでした。ザ・没個性。国会での、後ろで無表情に座ってるところから感じたのかなあ。事なかれ主義の保守的、現状維持こそすべてのイメージでした。

ドラマでは、よく赤坂あたりの料亭で政治家と密談して、

「先生、ここはひとつ、よろしくお願いします」

「おぬしも悪よのう……」

「フォッ、フォッ、フォッ……」

といった官僚が出てきますよね。ドラマには、さまざまな作品で個性豊かな官僚が登場するので「官僚」に注目してみるのも面白いです。

「半沢直樹」では、片岡愛之助さん演じる金融庁官僚の黒崎駿一は個性が強かったですね。「アンナチュラル」では、松重豊さん演じるUDIラボ（不自然死究明研究所）所長が登場します。元厚生労働省医政局職員で、東日本大震災の身元不明遺体調査を機にUDIラボへ転属するというフィクションの設定ですが、厚生労働省医政局は実在しています。死因究明も、死因究明等推進基本法という法律が2020年4月から施行されているので、架空のラボながら、かなりリアルな設定です。ほかにも、チームバチスタシリーズ「ジェネラルルージュの凱旋」には白鳥圭輔という官僚が登場します。ただ、厚生労働省大臣官房秘書課付技官・医療過誤死関連中立的第三者機関設置推進準備室室長というのは実在しない役職名です。

映画だと、「シン・ゴジラ」はまさに官僚ドラマですね（77ページ参照）。

共通しているのは、「物語に出てくる官僚は、好感度低めの脇役が多い」です。

いきなり話が脱線してしまいましたが、実は、リアルな官僚はドラマよりも個性豊かです。
私が入省したときに、最初に思ったのは、
「めっちゃ早口!!」
「(しょぼくれたオジサンかと思ったら)めっちゃ頭キレキレやん!」
でした。

組織を横断するある会議では、幹部がたくさん集まり、専門外であるはずのIT関連の話を「業界の方ですか?」というくらい詳細に話しているんです。「よくわからんわ~」では終わらない。

霞が関で働いていると、情報がどんどん集まってくるし、勉強しないとついていけないから、みんな強欲にインプットしながら、同時にアウトプットしていて、知識欲が高いです。

知らないことは面白い、という性質の人が多くて、私が想像していた保守的公務員像とは真逆です(外見は想像していた通りなんですけど)。

頭が良くて、ロジカルで、早口、そして想いがアツい。好奇心が強い分、変化を好み、刺激中毒。知らない話だと、オジサンがキラキラした子どものような瞳で聞いてくる。そのかわり、ちんたら話をするとイライラされてしまいます。

入省当時、ある幹部に説明しないといけないことがあり、いつも全部説明する前に、「え、これはどういうこと？　どういう意味？」

と話を遮られ、うまく説明しきれないことが続いていました。見かねた課長から、

「熊かライオンを倒すと思って、5秒で仕留めるんだ！　吹き矢で倒すみたいにね！」

とアドバイスされました。どういうこっちゃ？　と思いましたが、とりあえず簡潔に言うんだな！　と理解し、

「はい！　そうです」「いいえ！　違います」「理由は3つあり、一つ目は……」

と脊髄反射みたいに反射的に返答するようにすると、

「いちかさんも役人らしくなってきたなあ」

となぜかお褒めの言葉をいただきました。

霞が関はみんな忙しくて、長々と話を聞いてくれる人はほとんどいません。お作法として、重要な相談をする時は、あらかじめ1枚の紙にして、背景、課題、解決等①②③

――と作って、相談するルールがあります。そうすると最も早くすむので効率的です。

国会では黒子。職場ではイキイキ

そんな新しいことが大好きな霞が関の人たちですが、「役人」という言葉の妙で、オフィシャルな会議や国会では黒子になりきっています。無個性の化身のように、原稿を読み、保守的に答えます。守秘義務もあるから、なかなか尖ったことも言えません。

その姿勢が「何も答えてない！」と、見えてしまうのですけど、組織の末端の人が言えることは限られてしまうし、余計なことを言わないよう細心の注意を払うので無表情になってしまいます。板挟みの苦しいところです。

その反動もあってか、自分の職場にいるときはとてもイキイキしています。そして百戦錬磨の上の人になるほど、個性が強烈です。新しい仕事ができると生き生きとして喜んでいる人もいます（その知的好奇心がどんどん部下の仕事を増やすこともあるんですけどね）。

物知りすぎて、「いちかさんはどこ出身？」と聞いてきたあと、ずっとその地名の歴史を縄文時代から語ってくれる課長もいました。

長く霞が関にいるおじさまは、生き字引のように戦後からの制度の歴史を語ってくれたりと、話していてとても面白いです。自衛隊から出向してきたおじさまは爆弾処理の方法を教えてくれたりしました。


電話応対も人それぞれです。しょっちゅう電話をかけてきては「な～るほどですね～～～」と言って切る他省庁の偉い人がいて、課内ではその人からの電話は「○○さん、なるほど君から電話です～」と取り次がれます。

市民からの電話問い合わせに2時間以上、対応していた人は、

「ちょっと、トイレ行ってきていいですか？　ホント、トイレです。5分で帰ってきますから！　ホントですって！」

と必死に相手を説得し、トイレから帰ってきたら切られていたそう……。

霞が関の人は何万人もいて、役所によってもだいぶキャラが違うと言われます。よく言われるのは、経産省は肉食系。たしかに企業の人と接することも多いからか、やり手ビジネスマンのようにガツガツしています。環境省は草食系。穏やかな人が多いです。

農林水産省の人はなぜか方言強めの人が多くて、温和なイメージ。厚生労働省は、経産省の人が「草食系と見せかけて肉食ですよね」と言っていました。見た目は地味だけど、打たれ強いというか、メンタルは鍛えられている気がします。

どんな組織でも、個性が生かせる職場はいいものですよね。霞が関もそうであってほしいと思います。

緻密すぎる上司に捕まるとつらい

世に言うパワハラ、セクハラは論外ですが、霞が関に生息する人の中で、この人の下につくとどんどん部下が潰れていく、という人もいます。一見、パワハラでもないのに何でだろう？　と外から見ているとわからないのですが、被害者の人々の話を聞くと、大体共通するのが「細かすぎる」「やり直しが延々と終わらなくて決断してくれない」です。

霞が関の人たちの特徴で「非常に綿密でロジカル」という点がいいところではあるのですが、中には極端すぎる人もいます。言葉の定義や文章の細かい部分までとても綿密だったり、エビデンスにこだわりすぎると、部下はいつまでも終わらない作業にどんどん疲弊していってしまいます。

私も真夜中に「家族の定義は何だ？」と詰められた時は、「いや真夜中にやる話なの？何その禅問答⁉　眠すぎて脳みそが死ぬ！」と思ったものでした。こういったやり取りが毎日続けば、延々と終わらない作業に当然精神的にも肉体的にもやられてしまう人が出てきてしまいます。ロジカルで緻密なのは素晴らしい素質で、平社員の時には役に立つスキルですが、上になったら俯瞰してみる力や決断力、部下を信用して任せる力、かける労力のコスト意識も大事なんだろうなとつくづく思います。

霞が関の人はどんな仕事をしている？

霞が関の人＝特別な人ではない

２０２０年6月上旬、コロナ対応をしてくれている医療従事者へ励ましや感謝の気持ちを込めてブルーインパルスが飛びました。私は運よくテレワーク中に見ることができて、テンション上がりました。そしてその流れから、防衛省、航空自衛隊の仕事ドラマ「空飛ぶ広報室」にハマりました。

航空自衛隊の広報室が、世の中の人に自衛隊の仕事を知ってもらうため、さまざまな誤解や偏見に傷つきながらも前向きに仕事にまい進する姿がステキなドラマです。ドラマの中で、自衛隊の仕事の実態がよく紹介されていて、自衛官が一人の普通の人間として描かれています。記者役の新垣結衣さんが一般人の視点で自衛隊の仕事について素直に反応するところが新鮮です。

自衛隊や防衛省も公務員であり、しかも特殊な、あまり世間で実態を知られていない仕事をしている。同じ霞が関の人として、「自衛官も普通の人間ですから」というセリフに共感の嵐でした。

霞が関の人も喜んだり悲しんだりする普通の人間であることを知ってほしい、というのは、今回、この本を書いた一番の動機です。

以前、国会の法案審議で深夜のタクシー帰りが何週間も続いたときに、たまたま上京してきていた母に「帰るときは、タクシーでビール出してもらってるんでしょ」と真顔で言われました。親でさえ、報道を鵜呑みにするのかと悲しみと怒りで震えました。

ご存知ない方に向けて説明しますと、2008年に、「財務省や金融庁など9省庁の官僚約160人が深夜にタクシーで帰宅する際、運転手から『サービス』としてビールや、つまみの提供を計約2900回受けていたことがわかった」（朝日新聞より引用）という不祥事がありました。これが問題になったのは、「大半が税金から支出されるタクシー券を利用して、個人的なサービスを受けていたと見られる」（再び、朝日新聞より引用）からです。

ごく一部の不適切な行動が原因で、すべての霞が関の人がそうだ、と認識され、定着してしまう。そして、ますます世の中の人から信頼されなくなる流れになっている……。霞が関の人含め公務員全体として、いいことを自分からアピールするということは不得意で、非難されても反撃せず耐え忍ぶ方法をとりがちです。「ミンナニデクノボートヨバレ、ホメラレモセズ、クニモサレズ」（宮沢賢治著「雨ニモ負ケズ」）のスピリッツが根づいています。そんな性質を個人的には好ましいと思う一方で、世の中との溝はなかなか埋まりません。

「法律を実行するための具体的業務」を担う

そもそも霞が関の人は何のために仕事をしていて、毎日どんな仕事をしているのか？ということをお話しします。

まず、霞が関の人（国家公務員）は、「立法、司法、行政」の三権分立の「行政」の立場にいます。選挙で選ばれた政治家たちが集まり、法律を定める場が「立法府」たる国会であるのに対し、法律を実行するための具体的実務を行うのが、「行政府」たる各中央省庁で働く官僚の役割です。

法律がルールだとしたら、具体的に現実に適用するために、細かいルールブックやガイドブックを作ったり（「政策を作る」と言ったりします）、ルールの運用を監視・監督するのが霞が関の人の役割です。また、ルールである法律の案（法案）を作ったりもします。

ちなみに、霞が関の人が作った法律案（内閣の作った法律ということで「閣法」と言います）を、政治家が審議して承認するのが国会でやっていることです。

配属部署によって仕事内容は異なり、同じ所属の人でも役職や役割で担う仕事が違います。一概には語れませんが、いくつか代表的なものを挙げていきましょう。

①法律案を作って法案を通すまでの巨大プロジェクト（通称「タコ部屋」）

②法律に則って、ルールブックを作るところ

③法律に従って運用しているか、管理監督をするところ

④予算や人事など総務的な仕事や国会の調整など省庁全体を横断して取りまとめる仕事

⑤その他訴訟などの対応

これらに国会対応や、文書の確認作業や資料作成、会議への出席などの仕事があります。
①の法律を作るタコ部屋、というのは、誰もが入れられるのを恐れる一大ブラックプロジェクトチームです。法律の大幅な改正が必要であったり、新しくゼロから法律を作るときには、普段の業務から離れ、一定期間、法律案を作成するためだけの恐怖の小部屋に入れられます。この小部屋の名前が通称「タコ部屋」です。物理的に、省内や近くのビルに専用の小さな部屋を作って、そこで朝から晩まで缶詰になります（小さな改正時は作らないときもあります）。朝から晩まで法律案について議論したり、関係各所と調整したり、国会議員からの質問に答えたりと、法律案が成立するまで、シャバに帰ってこれません。私も一度タコ部屋に入りましたが、法律が門外漢の私にとっては、禅問答をするような日々でした。精神的にも肉体的にもキッツイ仕事です。

しかし、いざ法律ができあがっても、あっさり書いてある法律をどう運用したらいいかわかりませんよね。②は、それを具体的に落とし込む仕事です。法律が改正する前に検討して、検討した内容を踏まえて法律を改正する案を出すこともあります。ちなみに、どの部署も所管する法律があり、その法律を運用したり、細かい解釈を作ったりしていて、所管する法律に合わないことはできません。

霞が関の人が勝手にガイドブックを作るわけにもいかないので、「有識者会議」や「検討委員会」といった、その道の専門家と実践している現場の人など代表者に集まってもらい、意見をもらってまとめていく作業をします。また、わからないことが多いと、実態調査をしたり、研究班を立ち上げて、研究を公募したりします。

霞が関の人は、担当する検討委員会や会議の事務的な手続きや作業、会議で使う資料の作成、有識者の先生へのレク（議員への説明をする場。レクとは説明することという意味。58ページ参照）まで行います。細かいことまで言えば、会議の椅子並べや鉛筆削り、名札を印刷してプラカードを作ったりなど、何でもやります。深夜に「菅官房長官（当時）」という名札を印刷して、カッターナイフでプラカードを作っているときは、スゴいんだかスゴくないのか、冗談のような不思議な仕事をしているなと感じたものでした。

個人的には、検討会などの資料作成をするのは楽しくて、いかにわかりやすく議論をしやすいパワポを作るか考えたり、どういうテーマで話し合ってもらうか考えたり、意見や反応を聞いたりするのは面白いですね。

有識者会議や検討会は基本的に公開されるので、傍聴しに記者や興味のある一般の方が集まっており、次の日にニュースに取り上げられたりします。傍聴してみたい方は、興味のある省庁のホームページで「審議会などのお知らせ」を見てください。だいたい公開しており、新型コロナウイルスの感染予防の観点からユーチューブ配信する検討会が増えています。

そのニュースを受けて、ツイッターやSNSでの意見をサーチして見るのも、自分たちが考えたことがどう受け止められているか、どういう意見を持った人がいるのか、ちゃんと伝わっているか知ることができて、この仕事の醍醐味だなあと思う瞬間です。

数か月から年単位で検討した末にルールブックが完成し、実際に運用され、その成果が出るのは、だいたい自分がその課を異動してしまったあとになります。なので、一つのプロジェクトに最初から最後までいる人は少なく、「種をまく人」「芽を育てる人」「収穫する人」と3代ほどメンバーが変わり、自分がどのタイミングで配属されるかで見られる世界が違います。自分がまいた種がどう育ったか、異動してしまっても思い入れのある仕事はずっとチェックし続けてしまいます。

③は、国が決めたルールをちゃんと守れているか定期的に現地に行って管理監督する仕事です。

④は一般企業にもある、職員の人事や給与計算、予算管理の仕事です。また、国会周りの仕事は、毎日、国会議員会館や国会議事堂の中で行われています。ちゃんと国会が運営されるよう、霞が関の人のレクの調整をしたり、国会の委員会中のスケジュール管理などをやっているそうです。

⑤は、訴訟対応の仕事です。国はいろいろな組織や人々からさまざまな事案で訴えられています。公害訴訟やハンセン病訴訟などは、ニュースにも出てきますよね。その被告人側として裁判で法廷に立ったり、裁判のための書類を作ったり、精神的にもなかなかしんどい仕事だと言えます。ある訴訟を担当した同僚から、「自分が生まれる前のことに対して

の国への訴訟でも、裁判で法廷に立って、原告から責められると、自分自身が責められている気持ちになることがあり、つらくなる」という話を聞いて、精神的につらい仕事だなと思いました。

全体を見ればダイナミックな仕事をしているはずなのですが、霞が関の人の働いている日々の姿を見ると、パソコンに向かってパチパチやって、たまにジャケットを着て国会議事堂や議員会館や外に行ったり、現地に会議に行ったり、国会を鑑賞したり……。ドラマになるような見栄えのあることはしていないので、何をやっているのか説明するのが難しいところです。戦闘機も飛びませんしね。

野木亜紀子さんみたいなステキな脚本家が、霞が関の人の地味だけど泣いたり笑ったりのドラマチックな仕事を楽しくて、なおかつ社会派のドラマにしてくれないかなあ。ドラマ化が決まった暁には（以下、敬称略）、大臣は（ここはやはり！）小泉孝太郎で、やり手の秘書官は綾野剛、事務次官は一筋縄ではいかない感じの古田新太、局長を松重豊、課長あたりをちょっと頼りなさげだけど・いざとなると策士のムロツヨシ（妻は石田ゆり子）。主人公の課長補佐を星野源、係長を千葉雄大、係員を伊藤沙莉、若手国会議員にキツメの性格の新垣結衣でお願いしたい！　と、妄想してしまいます。

政策ってどう作られる？ ―ボトムアップ編―

じっくり育てる政策の作られ方

ニュース見ていると、いろいろな政策が発表されますよね。新型コロナウイルス対策によって、政府から発信される政策により興味を持ち出した人もいるのでは。「全国民にマスク2枚配布！」は、議論を呼び起こした（?）政策でした。

霞が関の中に入って知ったのは、政策はさまざまなプロセスを経て作られていて、「えぇ、マジなのか!?」と思う内容があっという間に決まったり、霞が関の人が「ぜひ叶えたい！」と思うことがなかなか進まなかったり、決まっていたことがゲシュタルト崩壊したり。日々、いろいろなことが起こります。

ある意味、民主主義の醍醐味と言いますか、対立する人たちがガチンコ勝負して、勝ったり負けたり、折り合ったりしながら、合意できるいい塩梅を探す。リアル「ファイト・クラブ」を毎日体感できる職場です。

政策の作られ方は、まず、大きく分けて、トップダウンとボトムアップがあります。トップダウンは、まさに急転直下。上から降ってくる指示です。ボトムアップは、霞が関の人が、じっくり温めて育てて仕上げる政策です。

基本的にやっていて楽しいのはボトムアップですが、トップダウンでも、自分が大事だと思える内容であればやりがいを感じられます。

長く霞が関にいる先輩方からは、「昔はボトムアップで自分たちから発信できることが多かったけれど、今は上から降ってくるので精一杯になっている……」と嘆きのコメントがよく聞かれます。

たしかに、ボトムアップで何か事業をやったときに、「これは誰に言われてやったの？」と国会議員や記者に聞かれることがあります。「とくに外圧があってやっていることではないです」と答えると、「へえ……」「そうなの？」といぶかしげな反応が来たりします。そのたびに自分たちで考えちゃダメなん？　と不思議な気持ちになります。

今回はボトムアップで作る政策のお話をします。政策と一言でいっても、大きいもの小さいものさまざまです。お金も労力もかからないけれどインパクトのあるものから、どどん！　と法律も変えてお金がたくさんかかるのもあります。

打ち込むチャンスを逃さない！

新しい政策の種をまくきっかけは大まかに「来年度予算を考えるとき」「定期的な法律の見直しがあるとき」「来年度の研究を考えるとき」「世論の熱が高まっているとき」「何か事件が起こったとき」です。でも、世論や事件によって動く案件はトップダウンで急に下りてくるので、ボトムアップにはなりにくい。ボトムアップは、自分でネタを常に考えておいて、ここぞ！　という門が開いたときに、エイッ！　と打ち込む瞬発力とチャンスを狙うアンテナを立てておくことが大事です。

では、ボトムアップの政策を考えるときに、誰がきっかけを作るのか。これは頑張れば係員でも種まきはできます。普段の仕事で、いろいろな人から話を聞いたり、質問をされて考えたり、視察に行ったり勉強したりと情報はいやというほど集まってくるので、その中で自分が思うことを周りの人にぶつけます。周りには現場から来た人もいるので、

「そうだよね」という共感が得られたら、次は上司の課長補佐、課長、局長と順番に説明していきます。その中で共感してもらったり、足りないところを指摘してもらったりしながら洗練させていきます。もちろんうまくいかないこともいっぱいありますが、「いいね！」となると、どんどん話が進んでいきます。

私は現場を知る経験者採用なので、「ここが変だよ！　現場にとってはこうだったらいいのに！」を考えるのは得意です。でも、じゃあどういうプロセスで実現するの？という霞が関のやり方は経験不足なので、周りのベテランさんに聞いたり、上にあげていく中で相談します。

「これくらいだったら通知を出したら大丈夫」というものから、「これは有識者を集めて、検討会をしないと」「法律を改正するきっかけに入れ込もう」「来年、財務省からお金をとってこなきゃ」というものまで。下々のものにチャンスがやってくるのは、課長や局長といった上司が、「こういう課題があるから、これについてみんな何か考えて！」と結構ざっくりなオーダーを出してきたとき。今まで温めていたアイデアをぶち込めるチャンスです。

そこで、局長や課長の心に刺さるアイデアを出せたら大成功。要は共感してもらう力が大事です。誰もが思う課題があって、それにフィットする課題解決のアイデアを出せることが第一段階。そのアイデアを実現するのに、自分たちの課でできることなのか、まったくできないのか、ほかの部署と協力し合ったらできることなのか、どこまで実現可能か、などを検討していきます。ほかの課にわたる話は、下っ端だけでは話がつけられないので、管理職の登場です。

そして、実現できそうな案にしていき、予算案の中に入れてもらったり、第三者の会議を作ってそこで専門家に意見をもらったり、研究として進めてもらったり、モデル事業としてやる気のある自治体に試しにやってもらったりしながら、数年かけて温めて成長させていきます。その間には、専門家だけでなく、政治家や当事者団体、ステークホルダーに揉まれながら、現実に即した形になっていきます。

私が霞が関に来て間もないときに種まきに関わった政策案は、専門家の検討会を経て、法律改正をし、モデル事業を行い、システム改修の予算をとって、とうとう全国展開として花開きました。足かけ4年。課長がアイデアの発端だったのですが、現場にいた者として意見を言ったり、技術職としてさまざまなデータを分析したりして、楽しかったです。

1～2年ごとの異動で、チームがすぐにバラバラになってしまう職場ですが、ふとしたときに会議で会ったり、エレベーターで見かけたりすると、お互いに「あの仕事は忘れてないよ」「個人的に見守り続けてるよ」と確認し合えてうれしくなります。
私個人は、〝種まき〟をするフェーズが好きなんですが、後任の人に託して育ててもらうので、後任にうまく意志を引き継ぐのが肝だなぁと思います。

政策ってどう作られる？ ートップダウン編ー

いきなり50メートル走になるトップダウン案件

ボトムアップのじっくり育てる政策の作られ方を紹介したところで、次はザ・トップダウンな方式の政策の作られ方。トップダウン案件に当たるとどんな生活になるのかもあわせて、お話ししたいと思います。

まず、いわゆるボトムアップの通常運転の仕事と違い、トップダウン方式の政策は、霞が関用語で「マル政（読み方：マルセイ）」「政治マター」と呼ばれています。ひそひそ声で「これ、マル政なんで」といえば、鬼に金棒、怖いものなし。無理が通れば道理が引っ込む、キラーワードです。

このキラーワードの強さは「局長マター（基本服従）＜大臣マター（かなり強め。

服従）〈総理マター（最上級の強さ。絶対服従）」です。ヒラにとってはどれも服従には変わりないんですけどね……。局長マターの案件なら、相手がいい人であれば意見くらいは言えるかも？　という程度です。

通常のボトムアップ案件では、予算の都合やタイミングで来年度から始めるのが一般的です。しかし、この「マル政」案件は、「今日までに資料作成すれば、来月からできます」みたいなスピード感なんです。お金もどこからか、寄せ集め、かき集め、何とかします。はっきりいって最強です。

ただ、忙しさは半端ではなく、フルマラソンだったものが、50メートルの短距離走になるので、まさに火事場。現場は燃え上がります。当然、人員は急には増えないので、残業三昧、世間で注目も浴びた場合には、記者からの問い合わせ、国会議員からのレク依頼が雨あられのように降ってきます。

資料を作りながら、電話を耳に挟みながら、同時にメールをチェックしながら、突然レク依頼が来る……なんて状態です。せめてマスコミの方や、議員秘書の方には、自分で調べられる基本的なところは調べて、わからないところだけ要領よく質問してほしいなあと思います。

そして、このマル政案件の場合、結果や目指すところは決まっています。とっても意義があってやるべしというものなら、スピード感を持って仕事ができるので、政治家も霞が関の人も、お互いＷｉｎ－Ｗｉｎでやっていけます。ただし、「え？　これは無理筋では……。こんな短期間じゃ検討する時間がない」とか「これ、本当にニーズあるの？」などと疑念が生まれてしまっても、ストップがかけられないというリスクがあります……。

そこでわいてくる疑問が、じゃあ本当のニーズって何なの？　ちゃんとした検討って何なの？　どこからそういう情報をみんな入手しているの？　ですよね。

「ちゃんと検討する」とは、その分野について国内外の調査や研究をして現状や課題を把握すること。そして、その課題についてその分野の有識者や当事者に集まってもらって、検討してもらうこと。さらに、じゃあこうしていこうという案ができたら、世間に見てもらって意見をもらい（パブコメと言います）、合意形成するというプロセスを踏むことです。

通常のボトムアップ方式ならこうした手続きを踏むので、尖ったものは出にくいのですが、逆に「何じゃこりゃ？」というものもできにくいと思います。「本当のニーズ」も、世間の人に見てもらい、マスコミの反応や、「陳情」ということの分野に意見がある人がいろいろ要望をされる中で見えてきます。

ただ、こういうやり方の難点は時間がかかること。緊急時にはこのプロセスを踏むのが難しい。だからこそ政治の判断力が問われるのだと思います。

・・・・・ 時間感覚を失わせる!? マル政案件

霞が関の人は、突然降ってきたトップダウン指示に対して、一斉に動き出します。基本的にザックリした指令が来るので、細かい具体的な案をいくつも出して、上に相談するということを超短期間でやります。まさに、エイヤ！　という感じです。その後、上の感触を見て、さらに細かく修正していきます。それと同時に関係する分野のほかの霞が関の人たちを巻き込んでいきます。マル政案件なら誰も拒否できません。

お互いの持っている仕事の利害が反する場合には、本気の大喧嘩になったりします。ヒラ同志で話がまとまらなかったら、大将同士（局長や課長）のバトルです。

課長「資料今持ってきて！」

部下「ああ、コピーが間に合わない！」「ああファイルがぶっ壊れた！」「印刷サイズを間違えた〜！」

といった火事場のパニック状態は日常で、

課長「レク行くぞ！」

部下「はい！（ってどこに行くんだ？）」

と脊髄反射で動き、

課長「想定できた？」

部下「閣議後会見のですか？　明日の国会のですか？　ニュース用？　どれのこと？メールが埋もれてわからない〜」

と大混乱に至る日々。あと5分で資料完成させなくてはいけないときに、記者の方から、「あの〜、この○○ってどういう意味ですか？」などと問い合わせが来ることも。ネットで調べればわかります、という言葉を飲み込み、「これはですね」と必死で説明していると、「レク依頼です〜。資料100部持って、今日の3時に（国会議員）会館へ」と指令が入り白目になります。その間も、流れ続けるメールの海。これを朝から晩までやっている状態です。

ふと気づいて時計を見たら20時。時間感覚もなくなり、今日は何日なのか、朝なのか昼なのか、あの会議は今日だったか、昨日だったのか定かではなくなってきます。

それでも、意味のあることだと思うことはやりがいもあり、頑張らなくちゃと思えます。どうか筋のいい、意義のある指令をしてほしいなと切に思うところです。

より良くするための「陳情」を聞きたい！

少し蛇足になりますが、国会議員でも、霞が関の人でもない人が「こうしたらいいのに」と思うことを実現させるにはどうしたらいいのか。それが、前述した「陳情」を国会議員や霞が関の人にすることです。同じ意識を持った者同士で団体を作り、要望書を持って面談を申し入れるのです。

国会議員や霞が関の人が聞いて、「たしかにその通りだな。何とかしないとな」と思ったら、その意図をくんだことを考えるようになります（国会議員の場合には、要望を聞けば票につながるかどうかも考慮の中に入っているでしょう……）。

霞が関の人の仕事にはこの「陳情を聞く」という仕事が結構なウェイトであります。

団体によっては、霞が関の人に対してとても攻撃的に攻めてくる人もいて、説明をしていると外見を攻めてくる言い方をしたり、個人の人格を攻撃されたりすることがあります。

霞が関の人もただの人なんで、そんな言い方をされたら傷つくし、やっぱり前向きに話を聞こうとは思えないし、あんまり得策な陳情方法じゃないなあ、と思います。逆に、「こうしたらもっと良くなる」と建設的な意見を言ってくれると、とってもありがたいな！と思います。

霞が関の人とメディアとの付き合い方

新聞から文春砲までバッチリ

私は、もともと世の中の流れに疎かったのですが、霞が関の中に入って数年、いつの間にかニュースや時事ネタに敏感になりました。

ただ、動機はあまり高尚ではありません。直接自分の仕事に影響するかも、という切羽詰まった危機感や、身近な人たちの近況を知りたいという、自分から半径1メートル以内の出来事が社会の出来事になったからという程度のものです。

仕事に関係するニュースや情報を知っておかないと、いつなんどき、国会議員や市民団体、メディアに聞かれるかもわからないので、常に情報網を張っているのが大事なのです。というのも、霞が関の省庁には、民間企業と同じように対外的な対応を請け負う

「広報」の部署はあるものの、それはあくまでも省庁としての全体の広報業務。個別の案件については担当する課の職員がダイレクトに受けています。一人の国民からの電話も直接担当が受けるため、電話が殺到し仕事がまったく進まないこともあります。

霞が関の人たちは情報のアンテナの張り方が高く、テレビ・主要新聞はもちろん、あらゆるソーシャルメディアを駆使して情報を仕入れています。デジタルネイティブ世代の若手には、ツイッターなどで国会議員の動向や人間関係まで追える諜報部員並み(!?)の人もいます。ここで、日常的なメディアとのつきあい方を紹介します。

①朝夕の全国紙の新聞チェック。関係のある地方紙、英字新聞もチェック

大きな記事があれば記事解説を作成し、間違いがあれば、どこが間違いかなどの解説をつけて内部で共有します。

②自分の仕事と関係するテレビ番組があれば視聴

反響がありそうなら記事解説を作成。必要に応じて、大臣まで情報提供します。

③国会議員から「この番組に出るからレクして」と呼ばれたら、その番組を視聴

国会議員がどう答えたかをチェックして、必要があれば想定問答を作成します。

④自分の省庁で開催する検討会や委員会があれば、記者クラブ（省庁の建物の中にある主要新聞社の待機する部屋）に投げ込む

「投げ込む」とはお知らせする、という意味で使います。

⑤検討会や委員会のあとに傍聴に来ていた記者やメディアの質問に答える

記者レク、ぶら下がり対応と言います。

⑥SNSを網羅的にチェック

アンテナが高い（情報収集能力が高い）人がやっているのは、自分たちの仕事に関係ある（よくレク要請される）国会議員のツイッターやブログなどをチェックすること。その人がいつ国会に立ちそう（質問しそう）か調べます。ツイッターは、自分の課に関係ありそうなキーワード検索すると、どういう人がどういう意見を持っているのか、誰と誰が仲間なのかもわかってとっても便利です。

⑦ゴシップ記事を読み漁る

官僚や国会議員のゴシップネタは花盛りです。話をしたことのある人がゴシップ記事に花を添えている（!?）のは不思議な心持ちです……。課内では、週刊誌を回覧したり、動画を同僚と鑑賞したり盛り上がります。

日常的に目にする情報の中には、事実に反する「トンデモ記事」もあります。基本的にはファクトチェックし、直接問い合わせがあれば正しい情報を答える、という受け身姿勢をとっています。でも、誰もが発信者になれる現代社会では、極端な一例を取り上げた情報が、全体のイメージを決めてしまうこともあります。リスク・コミュニケーションとしての情報発信のあり方について、もっと攻めの体制で、誤情報は公に修正することも大事なのかもしれません。

各省庁にカラーあり 霞が関の広報力

目指せ「空飛ぶ広報室」！ バズる広報はどう生まれる？

ドラマ「空飛ぶ広報室」に夢中になりすぎたあまり、原作小説まで読破しました。霞が関の人になったからこそ、自衛隊と同じような、実態が世の中に知られていない、やや偏見を持たれがちな境遇がシンクロして「そやそや！　頑張れ！」と応援したくなります。

ひるがえって、現実の霞が関広報。巷のイメージは堅苦しすぎたり、地味すぎたりするのではないでしょうか？　炎上してニュースになることはあれど、いわゆる「バズる広報」はなかなか見当たらない気がします。

今の世の中、ＳＮＳ発信は広報の重要なツールになっています。霞が関の人をもっと身近に感じてもらい、信頼してもらい、そして発信する情報を広く知ってもらうためにも、霞が関の広報も無難なだけでなく、もっと攻めの広報をしていきたい。

数年前に霞が関の採用広報の仕事に関わったことがあります。そのときに、「バズる霞が関広報」ってどんなのがあるんだろうと調べたり、霞が関に出向に来ていた広告会社の出身者に話を聞いたり、プチ炎上した広報案件の当時の担当者にも話を聞いたりしました。そこで、今の霞が関各省庁の広報についてこれは面白い！　と思ったものをまとめてみます。

そもそも、各主要省庁のホームページから、どんな情報発信や広報活動がなされているのでしょう。調べてみると、どの省庁も広報誌を持っていたり、SNS発信をしていたりと、それぞれの省庁で特徴があって※面白いです。

まず注目は、空飛ぶ広報室の舞台、**防衛省**。各自衛隊の基地までとてもたくさんのSNSアカウントがあります。そして、クオリティの高さに驚くのが、防衛省（が編集協力している）広報誌「MAMOR（マモル）」（扶桑社）。制服女性やサバゲー、戦闘機マニアをファン層に取り込んだ、コア層から絶大な人気を誇る雑誌です。ちなみに、

※2020年夏頃調べ

2021年3月号は、女性自衛官の後ろをヘリが舞っている表紙。「炎上も覚悟」と広報も意気込んでいるようで、内容も時世に合わせたキャッチーさです。

逆に、ほとんど情報発信アカウントがないのは、**財務省**！　各SNSに一つしかアカウントがないので、シンプルでわかりやすいとも言えます。ユーチューブは、ほぼパワーポイントのような財務資料動画。渋い。シンプルで渋い。さすが財務省。SNSや広報にもお金をかけない節約ぶりです。

内閣府は政府広報オンラインという独自のサイトがあるにもかかわらず、ユーチューブにもリンクしていなくて、ちょっと残念な感じです。

一番企業に近いやわらかアタマ（のはず）の**経済産業省**は、いろいろなSNSが乱立しています。ユーチューブチャンネルの一番再生回数が多いのは、バナナマンのキャッシュレスポイント（約1124万回）。かなり健闘しています※。中でも、個人的にグッときた動画は、「クール・ジャパン法～日本の魅力をビジネスへ～」（2013年7月公開。再生回数約18万回）です。「新世紀エヴァンゲリオン」のパロディ映像でスタートするも、終始、パワポクオリティ。一所懸命な手作り感満載の動画がほほえましい。「クール・ジャパンなのに全然クールじゃない」「クールすぎて寒気がした」という形で

※現在は終了

バズったそうです。

厚生労働省と**文部科学省**は似たような感じですね。ＳＮＳが乱立していて、正直、生活に近い省庁の割には、カタメであまりインパクトのある情報発信がありません……。

ただ、２０１７年の厚生労働省の啓発ポスターは気合が入っていました。「マジンガーＺ」とコラボした「麻しんがゼロ」ポスター、「機動戦士ガンダム」とコラボした、「アムロいきまぁーす！」ならぬ「ＡＭＲ対策いきまぁーす！」ポスター、そして「進撃の巨人」とコラボした「進撃の咳エチケット」ポスターと、ダジャレ好きな（？）担当者による攻めの広報が続きました（ちなみにＡＭＲとは、薬剤耐性のこと）。大事な情報をどう発信すると一番伝わるのか、当時の熱心な担当者が啓発の意義をクリエイターや企業に提案し、コラボが実現したそうです。

次は**外務省**。日英両方のページがあるのが外務省ならではですね。中でも話題になったのが、「ゴルゴ13」とコラボした、中堅・中小企業向け海外安全対策マニュアルポスター。これもまた、当時の担当職員が原作者のＯＫをもらって、「ゴルゴ13」を読み込み、新しいストーリーになるように、はさみとのりを使って絵を切り貼りして作ったという執念の作品。プロフェッショナルの心意気を感じました。

続いて、普段からライトな広報を目指す**環境省**。国立公園を持っているという強みを存分に発揮し、美しいインスタグラムとユーチューブチャンネルがあります。インスタグラムは国立公園職員が撮影しているらしいです。

環境省には、地球温暖化対策の大切さを訴える、君野イマと君野ミライというMOE（萌え）キャラがいます。由来を調べると、環境省＝Ministry of Environment（MOE）→モエ→萌えだそう。動画にはCGを使うという最先端オタクっぷりです。しかし、キャラクター設定が女子高生ということで「地球温暖化と何の関係があるのか？」と炎上したそうです。こういうキャラクターは、環境省以外でもたびたび炎上していますね……。

親しみやすさで一線を画す省庁は⁉

私のイチ押し広報サイトは、**農林水産省**のユーチューブチャンネル「BUZZ MAFF（ばずまふ）」です！　こちらは、登録者数、約16・1万人（2022年10月時点）と異例の人気を誇る省庁SNSです。

最大の特徴は、生身の職員が体を張ってユーチューバーになっているところ！「農林水産省職員が、その人ならではのスキルや個性を生かして、我が国の農林水産物の良さや農山漁村の魅力を発信する動画チャンネルです」と紹介されていますが、まさにその通りです。

中でも一番好きなのが、「タガヤセキュウシュウ」シリーズですね。若手職員の白石さんと、先輩の野田さんが九州の農業を紹介しているのですが、この二人の先輩後輩関係にほっこりするのと、ユーチューバーとしてどんどん成長していくのも、母目線（？）でほほえましいです。とくに野田さんのぎこちなさはある意味、萌えです。その中で、公務員ならではの人事異動や、大臣レクなども描かれていて、親しみやすさと好感度があります。最近では大臣からのメッセージを九州の方言に置き換えたりと、無双《むそう》になってきています（農林水産省職員は方言が強いという仮説は、あながち間違いではないような……）。

「大臣にアフレコしてみた。～母の月編～」はぜひご鑑賞を。農林水産省への親しみ爆上がりです。霞が関の人（官僚）という、実態の見えにくい匿名性の高いイメージから、「こういう人たちが毎日陰で働いているんだなあ」というリアルな普通の人として見るきっかけになると思いました。

改めて、「バズる広報の陰には、炎上も恐れない熱意ある職員あり」なんですね。ちなみに、プチ炎上を経験した人からの教訓は、

①広報に大事なのは「何を、誰に、どのように」伝えるか。こちらの意図とそのポスターが貼られる場所が違うと、伝わるメッセージも異なってしまう。

②多くの人が見るものなので、事前に必ずいろいろな立場の人から見てもらい、意見をもらうこと。

③攻めの広報ができるかどうかは、管理職の肝が据わっているかどうかにかかってくる。広報の意図を理解してくれて、「よし！　ちゃんと私が責任をとるからやってみろ！」と言ってくれる肝の据わった上司に当たったときがチャンス！

だそうです。

もし攻めの広報ができるなら、現実の血の通った人が話しているような省庁ツイッターの「中の人」になってゆるく政策についてつぶやきつつ、企業アカウントがよくやるように、ほかの省庁の「中の人」と、ツイッター上で交流してみたいなぁ、と妄想してし

まいます。

「厚労、おつかれ。今日も不夜城じゃん。寝れてるの？」

「あら、お隣の農水さん。今日もコロナ対応でね。農水イチオシの桃の差し入れお願いしたいなあ」

「仕事は効率よくスラック使ってテレワークしなよ（by経産省）」

みたいな交流が生まれるといいな。ちなみに、いろいろとサーチした末に私が作った広報動画は、残念ながらまったくバズらず終わりました……。広報って難しい！

波乱万丈 霞が関の人の四季

国会対応、日常業務が山積。嵐のように過ぎ去る日々

霞が関の人たちって毎日何をしているんでしょう？

国会中継で答弁者の後ろに座っているスーツ集団は霞が関の人ですが、そのほかにはテレビにも出ないし、市役所と違って窓口もないし、あまり接する機会はないと思います。最近ではニュースや本でその働き方が取り上げられ、「ブラック霞が関」というイメージもあると思いますが、じゃあ実際にどういう日常を送っているの？ となると、すべては霞の中…ではないでしょうか。

実際、映画の「シンゴジラ」や「新聞記者」といった事件がしょっちゅう起こる…というわけではないですが、なかなかに刺激的な毎日です。穏やかに1日が過ぎることは

滅多にありません。

一つの省庁で何千人も働いており、部署や時期で全然働き方は違ったりしますが、私が経験した1年を紹介したいと思います。

［ザ・フツーの官僚たちの四季］

春……国会や通常業務、新年度事業への対応と、盛りだくさんの新年度

4月に世の中と同じく新しい年度が始まります。

会社だと人事異動が終わって新しい顔ぶれになり心機一転、というところだと思います。しかし霞が関では通常国会真っ盛り。管理職ではないヒラの霞が関の人は一部新しい顔ぶれになりますが、日常は通常モード、というか国会があるので、異動がなかった人にとって同僚が新しい人になってかなりイタイ！　ヤバい！　と思う、かなりハードな時期です。

なぜイタイと思うかというと、この時期の国会は委員会（テーマ別の議論の場）が始まっているので、ボコボコに国会にあたるし、細かいことまで詰められる時期なんです。自分の部署が法案を持っていたら毎日戦々恐々。持ってなかったとしても、ほかの法案審

議の流れ弾が当たることも多く、細かいあれこれを追及されたりするため、担当が新しい人に変わっている中で国会にあたってしまうと、担当者は「何それ？」のところから、いきなりその日のうちに答弁作成者になってしまいます。

国会議員にいきなりレクに呼ばれたりするのですが、付け焼刃も付け焼刃、「先週着任したばっかりなんだけどな……やばいなあ」と内心思いつつも、おくびに出さないよう議員に説明します。いきなりブッツケ本番です（まとめ役の補佐も同席して横で見守っていたりはしますが、メイン担当者は一人なので、新人でない限り対応することになります）。

そんな国会からの被弾を受けながら、前任からの業務の引き継ぎを1週間以内でやり終え、あとは完全に自立です。

国会の状況に関係なく、日常業務は通常通りです。来年度の予算案をボチボチ固めていくタイミングなので、課内でブレストをして会計課や財務省対策のエビデンス集めや、資料作成を進めます。新規予算の獲得に向けて知恵を絞り、担当↓課長↓局長↓会計課↓財務省担当者へ説明と各関門をクリアしていきます。

新年度に予算を獲得した事業を回していくことも同時に始めます。どこかに委託する事業であれば、仕様書（応募要項）を作成し、公募をするという作業がありますし、新しく採用された研究事業では、研究者との顔合わせ&打ち合わせを行い、研究の進捗管理を行います。私がいた部署は研究だけでも20以上あり、手分けしても顔合わせだけで大変でした。その他にも、国会議員が開く会議に出席して説明したり、資料作成&打ち合わせ&鬼のようにくるメール対応（1分に1件は来るかな……）&電話対応と盛りだくさん。

通常業務の対応だけでもヒイヒイ言っているのに、ここに冒頭に触れた通り、国会に被弾すると、国会の問取り（質問を聞きに議員のところに行くこと。62ページ参照）↓答弁作成↓上司への答弁クリア（了承を得ること。222ページ参照）↓答弁者である大臣や局長への説明で丸1日〜2日を要するため、その間、通常業務はストップです。あれこれと国会で聞かれれば聞かれるほど、通常業務が止まってしまうので「早くやってほしいんなら、同じこと何度も聞かないで…」とボヤいてしまいます。

毎日が飛ぶように過ぎ去り、6月末頃に満身創痍で国会終了！（たまに7月末ごろまで延長されて死にそうになりますが）、気づけばもう夏です。

夏……比較的穏やか、インプットができる。上司の人事異動に一喜一憂も

国会が終わりようやくホッと一息、比較的穏やかな日常が訪れます。いろいろな所に視察に行ったり、意見交換したりとインプットができる時期でもあり、新しい事業や研究も軌道にのせていく頃です。一方、予算案は大詰めの時期を迎えていて、予算の担当者は大変です。

そして、霞が関の人にとって一大イベントは、「幹部の人事異動！」です。素敵な上司だった人は名残惜しく、次に来る人がいい人かどうか怯えますし、悲惨な上司だった人は「苦行からの解放だ!!」と喜びの舞を踊ります。幹部は上の人ほど1年程度で異動することが多いので、幹部が変わるごとに「所管事項説明」という分厚い資料を作成して新しい幹部に業務説明をします。説明をしている中で、新しい上司から「こんな事業意味あるの？」「新しくこれやろう！」などと言われたりして、「え～～前と方針が180度違う！　全部おじゃんや」と泣きたくなることもあれば、新しい提案に「なるほど面白そうだな」と感じることも……まさに一喜一憂です。

上司との相性もあるし、流動性が高いとはいえ、自分のメンタルヘルスにも大きく影響を与えるので、一大イベントです。幹部ではなくても、7月頃にいきなり「来週から

異動ね」と告げられてビックリすることもあります。メンタルのタフさと、環境変化に適応できる能力が求められるなあとしみじみ思います。

その他にも法案が通常国会で通った後なので、国会で負った宿題をクリアしていく時期でもあります。新しい調査をしたり、有識者を集めて検討会を開いたりなどの業務が出てきます。

秋……臨時国会開幕、またもや多忙な業務に追われる日々

幹部異動も終わり、ようやく腰を落ち着けて仕事できるなあと思っていると、今度は臨時国会の開幕です。場合によって内閣改造があったりすると、トップの大臣が変わり、またもや所管事項説明が待っています。臨時国会の期間は年によって違いますが、またもや通常業務＋国会業務になってしまうので、毎日のスケジュールも予定通りにいかない日々に突入です。

通常業務は、国会議員に予算案や検討会の状況を説明に行ったり、逆に与党や野党が開く会に呼ばれて説明に行ったりと年間を通じて国会議員とのやり取りは頻繁ですが、さらにその機会が増えます。また、これも年間を通じてあるのですが、いわゆる「陳情対応」も発生し、各種団体や活動家からの要望を聞いたり意見交換をしたり、国会議員

が開いた陳情団体の会に呼ばれて、場合によってはヤジを飛ばされたりしてフルボッコにされます。

メンタルも鍛えられながら、こうして秋の夜長は更けていきます。

冬……短い平和な年末年始を終え、年始から恐怖の通常国会

年末になるクリスマスシーズン、ようやく来年度の予算案が固まります。予算案は年明けの通常国会に出され、2月頃に審議されます。年末は国会もなく、事件がなければゆく年くる年をしっぽりと過ごし、M-1グランプリの時期はまだしも、紅白歌合戦はのんびり見られるかな、という感じです。ただ、来年の通常国会に出す法案を抱えていたりすると、それはてんやわんやの年末年始になってしまいますが……。

短い平和な年末年始を超えると、1月中旬頃から恐怖の通常国会です。ここから6月末ごろまで、ず~~~っと国会が通常業務にオンされた状態で、気が休まることはありません。気分は超絶ブルーですが、メンバーは業務もうベテラン級になっているので、仕事がやりやすくなっている時期でもあります。新年度から国会や議員対応という重いコンダラ（整地ローラーの俗称）を引きながら通常業務をしてきた分、誰もがもう筋肉ムチムチのマッチョ状態です。

とはいえ、会議や資料作りの予定が予定通りにできないというストレスは多大なもの。国会中の日常はまた別項で書きますが、年度末に向けてラストスパートです。新年度から始めた事業や研究のまとめ&公表が次々とやってきます。研究に関しては、研究者や調査会社から出てくる報告書を読んで細かいところまでチェック、内容がボロボロであればテコ入れ（修正）と、この作業を繰り返し行います。その他にはホームページ作成や広報活動、シンポジウムの開催などがあれば事務局としての確認……刈り取り作業で忙殺です。

さらに予算の執行状況を確認したり、来年度にすぐに事業が始められるよう、仕様書を先んじて作成したりもします。3月頃には、春の項目で紹介した次年度の事業や予算案作成に向けた準備が始まります。そして3月中旬にまたもや人事異動、内示がありす（省庁によっては1週間前内示）。だいたいその部署に2年いた人は異動対象になるため、ソワソワし出します。異動前の引き継ぎ資料作成&年度末の追い込み&国会対応で、完全にオーバーヒート状態でようやく3月末にフィニッシュです。

霞が関の人の1年はあっという間に過ぎ去ります。昨今は、コロナ対応でイレギュラーな業務もたくさんあり、さらにたくさん国会に当たり、ますます忙しくなるばかりです。

楽しいイベントではない「レク」の仕事

Win-Winの駆け引き力が試される

前の項でも紹介した議員レクは、霞が関の人の仕事の一つです。
①「じゃあレクに行きましょうか」
②「ちょっとレクして」
③「勉レクに呼ばれた」
霞が関村に漬かりかかっているので、「レク」という言葉は、日常用語じゃないか？とも思ってしまうくらいなのですが、何かわかりますか？

レクリエーションだと楽しいのですが、答えは「レクチャー」の略です。

使い方はさまざまで、①の場合は、自分の担当が抱えている業務を外部の人に説明することです。例えば、霞が関の役所が開催する「委員会」や「検討会」に入ってもらっている委員への事前の内容説明だったり、国会議員への法案の説明だったりします。

②は内部の上司や、他部署の関係するところに業務説明するときに「ちょっと教えて」くらいのノリでも使います。

③これは、大抵国会議員に呼ばれて、基本的なことから業務の内容を説明して国会議員と意見交換することです。そして、勉レクに呼ばれたということは、その国会議員はその分野に興味を持っているということです。勉レクでうまく説明できなかったり、議員が疑問に思ったりすると、「じゃあ、この件は国会で聞くから」ということになります。勉レクにより予備知識を知ってもらった上で質問してもらえるので、いきなりトンチンカンなことを聞かれるよりマシかな？　とは思います。

単にレクするだけだと楽なのですが、調整や説得がいるレクもあります。相手がどんな意見なのか、どこを問題点と思っているのか探ったり、これは相反する意見だな、と思うことは、その場でお互い納得いくような落としどころを見つけたりなど、気を抜けないこともあります。そのときに「おっしゃる通り」戦法（212ページ参照）を使ったりして、できるだけ穏便に駆け引きします。

これがうまい人は、役人としてもかなり評価されているのではないかなと思います。一種の心理駆け引きゲームですね。まったく相容れないと、「お前じゃ話にならん！　課長を呼べ！」と言われてしまうこともあります。ある霞が関の人がレクのことを「思想チェック」と言っていて、笑ってしまいました。……スパイみたい。

たしかに、だいたいレクで相手がどんな意見を持っている人かわかるので、委員会や国会質疑では「こんなことを聞かれそうだから、こういう答えを用意しとこう」と事前準備しておきます。あらゆる武器（事前準備）を仕込んで、国会という合戦の場に向かうのです。

「鬼滅の刃」で例える議員レク

国会本番までの緊張と消耗の現場とは?!

2020年から入った途中入省組の新人さんが、初の議員レクで恐怖体験をしたようです。

「議員レクは怖い！　レクと聞いただけで震える」と怯えていたので、絶賛ドはまり中の「鬼滅の刃」を例えにして、議員レクの心構えを説明してみました。意外とフィットしたので、霞が関の人がレクをするときの心境を、「鬼滅の刃」で解説します（マンガ、アニメを読んでいない方はすみません……）。

設定は、「霞が関の人（官僚）＝鬼殺隊」、「国会議員＝鬼」です。国会議員が本当に鬼！というわけではなく、あくまでレクという場を戦場として考えると、という設定です。

まず、霞が関の人のレク技術（強さ）は、事務次官、局長級が柱に相当、課長級はもうすぐ柱になれそうな中堅の鬼殺隊、課長補佐級、係長は雑魚の鬼殺隊、係員は鬼殺隊に入団前の研修生くらいの強さです。

一方、国会議員の強さ（ベテラン大御所議員ほど放つ圧迫感や得も言われぬ気迫）は、総理大臣が鬼舞辻無惨《きぶつじむざん》、各省庁の大臣や大臣ＯＢなどが十二鬼月の上弦の鬼、副大臣・政務官が下弦の鬼に相当します。

鬼滅の刃とちょっと設定が違うのが、「大臣、副大臣、政務官」は自分のボスに相当するので、基本的には敵ではないというところです。ただ、大臣などの立場の人にレクするのは、胃が飛び出るほど緊張しますし、うまく説明できないと斬られます（やり直しが発生したり、案が通りません）。

今回は、国会での質問に対してのレク、所謂「問取り《もんと》」を例に説明したいと思います。国会の委員会のだいたい前日に、委員会で質問をする予定の国会議員から（なんとＦＡＸ※で）「質問要旨」という紙が担当部署に送られてきます。質問要旨は挑戦状みたいなもので、ここで対戦の火蓋が切られるイメージです。しかし、その質問はだいたいザックリとした内容で1行ほどしか書かれていないことが多く、今一つ何が知りたいの

※最近ＦＡＸがようやく廃止され、ＰＤＦかメールで送られるようになりました。

かわかりません。そこで、直接議員本人に趣旨や、問題意識を聞きに行きます。これが「質問聴取＝問取り」と言われるものです。

だいたい、質問要旨に「○月○日◎時に、議員会館に来られたし」と書かれているので、遅刻しないように慌てていきます。そこが霞が関の人（今回は鬼殺隊と呼びましょう）にとっての戦場になります。

問取りには、その案件に詳しい鬼殺隊の雑魚（課長補佐か係長）と鬼殺隊未満の研修生（係員）が二人セットで出向きます。鬼殺隊は、あらゆる武器（何を聞かれるかわからないときは大量の資料）をトートバックに入れて、電車に乗って議員会館に向かいます。

議員会館の議員の部屋の前に行くと、各部署から問取りに来た鬼殺隊雑魚兵士と研修生がわらわらと集まってきています。

国会議員（ここでは鬼）が現れると、鬼殺隊の中で緊張が走ります。1回の国会質疑で、国会議員はできるだけ多く質問したいと思うので、時間以内にこんなに聞けないでしょ？というくらいたくさんの攻撃（質問）を用意しており、それぞれの質問担当の鬼殺隊であふれかえります。全員集まったところで、全員すし詰めになって一つの部屋に入り、鬼と鬼の秘書と鬼殺隊の闘いが始まります。

問取りは非常に張り詰めた現場で、一問一問それぞれの質問に対して担当の鬼殺隊が説明します。緊張する場になる理由は、明日の国会で聞かれることなので、正確に聞き取ることが必要で、さらにできるならその場で答えきって、国会の質問から外してほしい（なぜならその日の深夜までの残業がなくなるから！）という思いもあり、真剣勝負になるからなんです（答えきっても質問されることは普通にありますが）。

そして、「これはどうなの？」と鬼に聞かれたときに、できるだけ素早く、要領よく、簡潔に攻め込む（回答する）ことが重要です。ついでに、適切な武器（資料）を鬼殺隊研修生が後ろからサッと出せると最高です（これをリアルに手裏剣で出す、と言います）。これは間髪入れず答える呼吸の訓練が必要です。

ここで、曖昧な言い方をしたり、聞かれていることと違うことを答えてしまうと、「そんなこと聞いていない！」と斬られます。うまく攻め込めない（返答ができない）ことが続くと、だんだん鬼が不機嫌になり、「お前じゃ話にならん！　もっとちゃんと話せる人（ベテラン鬼殺隊）を連れてこい！」となることもあります。

脇で自分以外の鬼殺隊の闘いを見ていてもハラハラします。その鬼殺隊が担当する範囲の質問ではなく、実は自分の部署の質問だったりすると、援護射撃したりすることもあります。ただ、基本的に自分たちも一緒になって斬られたくないので、息をひそめてじっとしていることが多いです（雑魚キャラなので生きて帰ることが至上命令です）。

そして、自分の番が来ると、事前に来た質問要旨の質問の意図を掘り下げて聞きます。ザクッとした質問だと、「これは○○のことを仰っていますか？」と確認し、一連の質問に対する説明を行います。「もう攻撃する（質問する）と決めているので、明日の対戦の場（国会）で答えたらいい」と言われることもあります。その場で自分の管轄内か管轄外か明確にして、管轄外であればほかの鬼殺隊グループに振り直しをお願いし、管轄内であれば、間髪入れず短時間で簡潔に説明しきることが相手の懐に入るコツです。雑魚鬼殺隊では判断できないことは安請け合いしないよう、その場の臨機応変の対応が求められます。

また、鬼がどういう意図で質問を出していて、どういう考え方を持っているのかも同時に読み取ります（鬼の闘い方の筋を読んでいる状態です）。この真意を読み取るという技が重要で、この読み取り間違いをすると、あとで見当違いの答弁を書いてしまい、対戦の場で柱やボスである上弦の鬼が斬られてしまうことになります。

鬼がある程度その場で納得しても、国会でやはり攻撃すると言われれば、今度は誰が対戦の場で戦うかの相談を鬼とします。「大臣で（お前のところの上弦の鬼で）」か「政府参考人で（局長級のこと＝柱で）」と言われるかは鬼次第ですが、自分のボスの上弦の鬼はとても忙しいので、意思決定に関係ない質問だと、「数字的な事務的な話なので、うちの上弦の鬼より、うちの柱にしてください」とお願いしたりします。

そして、明日の攻撃の質問内容と意図を正確に聞き取るという雑魚鬼殺隊の役割を果たしたら、今度はそれを基に答弁作成（技を磨く修行）です。翌日の闘いの場までに用意しないといけないので、深夜までかかります。問取りだけでかなり消耗している中、さらなる修業が待ち受けています。

●●●●● 準備万端、いざ決戦へ

プロセスとしては、雑魚鬼殺隊が答弁を作成↓中堅鬼殺隊のチェック・修正↓柱のチェック・修正↓（お金が絡む質問の場合）財務省の鬼殺隊のチェック↓ボスの上弦の鬼の秘書のチェック↓決戦の場の当日に上弦の鬼のチェック、という果てしない内部での戦いがあります。財務省チェックの待ち時間で終電越えするのは普通です。そして上弦の鬼チェックは朝の6時など、かなり早い時間に始まります（189ページ参照）。ちなみに、ボスの上弦の鬼には柱か中堅鬼殺隊が説明します。いい答弁ができていないと、柱が斬られてしまいます。

答弁ラインが正確であれば、スムーズに修行が進んでいきますが、上司の鬼殺隊もいろいろなタイプの人がいますし、上弦の鬼の納得する答弁でなければ、非常に厳しい反復訓練が続きます。何問も当たってしまったり、多様な考え方がある質問だったりすると、朝日が昇るくらいまで修行し続けるので、一夜にして身も心もボロボロになります。そして、休憩する間もなく、朝になると柱から身内の上弦の鬼にレクを行い、国会（決戦の場）に臨みます。

決戦の場には、身内の上弦の鬼、上弦の鬼の秘書（精鋭エリート鬼殺隊が選ばれます）、柱、雑魚鬼殺隊（担当）が向かいます。直接、鬼と戦うのは、上弦の鬼と柱です。上弦の鬼の秘書と雑魚鬼殺隊は何かあったときに後ろから手裏剣を出す役割です。そして、前日に質問した鬼とボスの上弦の鬼か柱が真剣勝負に臨むのです。

テレビではあまり伝わらないかと思いますが、国会の委員会はかなり緊迫感がみなぎっ

ています。雑魚鬼殺隊はたまにテレビの後ろのほうで真っ青な顔で映っているのが見えると思いますので、その表情を見て、いかに緊迫した場か感じてみてください。
　こうしていくつもの厳しい戦いと修行を経験し、鬼殺隊研修生（係員）で生き残った者の数人がいつか柱（局長）になるのです。鬼滅の刃に例えたら、新人さんも勇気が出るかな？　と思ったのですが、余計恐怖をあおってしまったかもしれません。コロナ対応でバタバタしていて、いきなり上弦の鬼に一人で当たってしまったのがトラウマになったようです。
　でも結局は、たくさん鬼と戦って、斬られながら、強くなるしかないのです。

新人と若手マストの仕事
ザ・レク概要おこし

時代劇のセリフ!? レク概要の作法

テレビで映る会議の後ろで、霞が関の若い人がノートに何やら必死に書き込んでいるのを見ることはありませんか？　あれは、速記をしています。最近はパソコンの早打ちの人もいます。

会議や国会議員レクに行くときには、二人体制で一人が説明して、一人がメモ取りをします（忙しすぎるときには一人で行って二役します）。新人さんや若手の国会議員レクのトレーニングの意味も兼ねています。そのほか、電話での記者からの問い合わせも、概要を作って課内の同僚に共有します。この場合は、記者対応をしながらメモ取りをします。記者は突然電話をかけてきて、いきなり「○○の報告書の○ページなんですけど」

と聞いてくるので、今やっている仕事と違う内容の対応にアワアワしてしまいます。

国会議員レクの場合は、若手の人は、役所に戻ったら「レク概要」を作って、課内と偉い人にメールで送る仕事が待っています。大事な会議やレクだと、できるだけ早く作って共有しないといけません。キーパーソンになる議員がどう言っていたのか、どんな意見が出ているのか、どういう考えを持っているのかなど、まさに「思想チェック」です。

このレク概要にはちょっとよくわからない作法があります。典型的なレク概要の書き方の例はこちら。

タイトル：【レク概要】○○議員レク対応（▲△について）
日時：○月○日◎時◎分～◎時△分
場所：◎議員会館○○議員会議室
○参加者：○○議員、○○秘書
■対応者：○○課○○補佐、▲△課○○係長、
【概要】
○これこれについて如何？

■〜〜〜と考える。
○〜〜〜についてはこうか。
■然り。
○＝＝＝についてどうするのか。
■現在検討中。
○次回までに持参せよ
■承知。↓（宿題事項）

このレク概要を20代前半の若者が書いているのを初めて見たときは、「なんでこんな古くさい言い方に変えるの？　時代劇みたい！」と吹き出しそうになりましたが、これも霞が関文学のようです。慣れるとそんなもんかと思います。

一方で、やはり議員の生の声や、会議の場の雰囲気も伝えることが大事だったりします。私は、圧迫的な応対をしてきた人については、周りへのアラートの意味でも、自己防衛のためにも雰囲気を書きおこしています。そういうとき、よくやるのは、実況中継方式です。

○議員　■～補佐

○～～～は、こうだよね～。ちょっと○○さんに聞いてみるわ（突然電話をしだす）
○～～については、皆さんもこう思うよね！
■（無言）

○～新聞～記者　■～係長

○～～はこうかって言ってるんだよ！（舌打ち）
■～～については、一概にそうとは言えません。
○あんたの言い方は抽象的すぎてわからない！　あんただと埒《らち》が明かない。
課長に聞くから！
■了解しました。

たまに面白いと、コッソリ感想をくれる人がいるので、レク概要おこしの仕事は割と好きです。あんまりハメを外さないようにしなくちゃいけないけれど。

いきなりやってくるグローバルな案件

難易度マックス！ 各国の要人たちのお手伝い

霞が関の人の仕事は、部署によって多種多様です。地元密着型の、現地によく行く部署もあれば、海外の国際機関や大使館などとやり取りすることの多い国際的な部署もあります。海外とよくやり取りする部署は英語が堪能だったり、帰国子女だったり、留学経験のある人が配属されていることが多いのですが、地元密着型の部署であっても、ふいに国際案件が下りてくることがあります。

よくあるのは、日本語文書を英語に翻訳する仕事。すでに外国語になったものをチェックする仕事もあります。お金がないので翻訳業者に依頼できません。英語が得意じゃなくても、グーグル翻訳を駆使し、遠い昔習った高校英語の文法を思い出しながら、専門用語はほかの英語文書を引用しながら、頑張って英訳します。ちなみに霞が関文学は婉曲的なので、ストレートパンチな英語に翻訳するのは難しいです。しかしこれは時間をかければ何とかなるので、グローバルレベルは1くらいです。

次に、大臣や偉い人のお客さまとして外国の方が来られるときの「随行」です。これは、案件に応じて何か聞かれたときに対応する仕事のこと。英語のできる大臣だと、通訳さんがいてもほとんど翻訳されず会話が進むので、自分でヒアリングしないと追いつきません。普段やっている仕事内容の英語版なので、どんな内容を話しているかは何とか追えるし、しゃべらないといけないこともわずかなので、冷や汗かきながらも何とかなる、グローバルレベルは2くらいでしょうか。

大変になってくるのは、外国からのお客さまに英語でプレゼンしなければいけないとき。今まで使っている日本語資料を英語に翻訳し、英語原稿を作ってプレゼンします。質疑応答は冷や冷やし、「フリートーキングはつらいよ」、と心で泣きながら頑張ってやりきる感じで、グローバルレベルは3くらい。

不意にやってきて焦るのは、英語での電話です。

突然「Hi，○○（海外の新聞社）ですけど、質問していいですか？」と電話がかかってきて、「うわ、マジか。明らかに英語が母国語だ～」と心で焦りつつ、「Ｓｕｒｅ」ととりあえず応じ、英語と日本語混じりに話し、完全にルー大柴状態です。

「Ｏｈ～ どうして日本では妊娠している人の数がわかるんですか？」

「Ｏｈ，登録があるからですか？ ではなんでみんな登録するんですか？」

など、そもそもの国の仕組みを聞かれたりすると、マゴマゴしてしまいます。同僚も周りで聞いているので、つたない英語を聞かれるのがとっても恥ずかしいです。

フランスの国際機関で働いている人に電話しないといけないときには、最初の電話をとってくれる交換手は当然ながらフランス語……。相手方によるフランス語の問いを完全に無視し、しどろもどろの英語で要件だけ話すという荒技を駆使することもあり、電話での英語応対は個人的には難易度が高いです。

最後に、私が経験したグローバル難易度が高かった仕事は、各国の要人が集まる会合のお手伝いでした。大きな会合の場合、担当の課だけでは仕事が回りきりません。そこで、基本的に志願制ですが、各国の要人のアテンドとして各部署から霞が関の人の助っ人がかき集められます。

私も、ミャンマーの大臣のアテンドをお手伝いしました。毎日視察や大臣同士の会合がたくさんあるので、予定がずれ込むことや、オペレーションの急な変更、大臣の「ちょっと空き時間に○○に行きたい」という要望にも対応しようと頑張ります。私が担当した大臣は英語が話せる穏やかでステキな方で、一緒に来られたお付きの人はミャンマー語オンリー、通訳の人は英語と日本語が話せる人、大使館の人はミャンマー語と日本語オンリー、警備の県警の人は日本語オンリーという言語のミックス状態。こういう状況で、集団で行動するのですが、急ぎのオペレーションを説明するとき、いったい誰が何語話せるんだっけと頭の中は大混乱。日本人に英語で説明してしまったり、ミャンマーの大臣に思いっきり日本語で話しかけて、うっすらとほほえまれる……という失敗もありました。でも、ミャンマー大使館の方々のあたたかさに触れたり、大臣の急な依頼にさっと対応されたクレバーなスピーチに感動したりと、なかなかできない、いい経験をさせてもらったな、と思います。

こういうグローバル案件が降ってわいてきて対応したあと、いつも「これはもっと英語を勉強せなあかんわ！」と心に誓うのですが、だいたい喉元過ぎれば熱さは忘れます。また次のグローバル案件までほっといてしまうんですよね。日々反省。

これを記載した当時と違って、ミャンマーの政治情勢が変わり、あの素敵な大臣と大使館の方々はどうされているのか……とても心配です。

Column1

霞が関の中の人から見た「シン・ゴジラ」のリアリティ

霞が関の中を知るいい教本としておすすめしたいのが、映画「シン・ゴジラ」。登場人物たちのグダグダな面も描かれるけれど、最後は役人や政治家としての矜持《きょうじ》、覚悟が描かれていて日本も捨てたもんじゃないなと思わせてくれる。何度見ても新しい発見のある映画です。

まず、驚かされるのは「舞台装置のリアルさ」。危機管理センターには関係者以外入れないはずなのですが、なんで庵野秀明総監督はこんなリアルに再現できているんですか!?と聞きたい。機密事項じゃなかったでしたっけ（取材協力に政治家や省庁の名前があるから、教えたのでしょうか）!?

ちなみに私は、「シン・ゴジラ」公開前に、災害時の対応職員としてID登録するために危機管理センターに行ったことがあり、「エヴァンゲリオンみたい！」と思ったので、庵野監督は昔から知っていたのかもしれません。

次に感心したのは「登場人物の役職のリアルさ」。実際に役職の部署は存在しており、映画公開当時のリアル役職の人と俳優さんの雰囲気が似ているという声も多くありました。

ただ、一つケチをつけるとすると、映画の中で「ここに集まったのは霞が関のはぐれ者」と表現されていましたが、「厚生労働省医政局研究開発振興課長」は結構な出世コースです。

そして、おそらく、危機管理のときにこの課は出てくることはありません（役職とは関係なく、個人的に研究などをしていたり、特別に詳しい分野を持っていて、余人に代えがたい！　という特殊能力や知識があれば、「属人的」に呼ばれることはあるかもしれないけれど）。

ストーリーの前半は、危機感薄い感じで、役所の形式主義が随所に散らばっていて負の側面がリアルに表現され苦笑してしまいます。例えば、首相官邸の会議室でのメモ出しシーン。官邸で開かれる総理が集めた大臣級の会合で、長テーブルに座るのは各省庁の大臣。その背後に控えているのは、局長か課長級の管理職だと思われます。メモ出しは、「前の人がエライので、後ろから直接発言することはまかりならない」というものなので、発言してほしいことをサッと出すという、ある意味職人技。通常のメモ出しの場合、これをいかに前の人が困らないように素早く出すか、後ろの人は先読みして用意するので臨戦態勢でピリピリしています。今回は緊急ニュースだから素早くメモ出し。でも、これも普通の感覚になると、本当に緊急なら若手でもその場で読み上げたらいいのにね……と思ったりします。

ストーリーの前半は、政治のリーダーシップの欠如や決断力のなさ、官僚の縦割りを揶揄したような滑稽な姿が描かれますが、後半は、東京電力福島第一原発事故（以下、福島原発事故）へのオマージュとメッセージなのではないか、と思わされます。人間ドラマとしては、既存の体制がゴジラの放射熱線で完全に駆逐され、生き残った政治家と官僚が日本を再生させようとする物語となっています。

ゴジラがいつ襲ってきたのか映画では明らかにされていません。しかし、東日本大震災後にできた「原子力規制庁」が登場している時点で、震災後と推測されます。一方で、物語の中で「広島原爆」については語られますが、なぜか東日本大震災や福島の原発事故については語られるシーンはありません。

「誰も予想していなかったゴジラの襲撃＝誰も予想していなかった福島原発事故」と考えると、物語の作り込み方やメッセージが深く感じさせられます。例えば、大杉蓮さん演じる総理のダメダメっぷりや、広報の「大丈夫です！」と言ったあとに「避難してください！」と言うグダグダ感はデジャブ感が……（当時は国で働いていないので、完全にイメージです）。エンドロールには「取材協力者」として当時の官房長官である枝野幸男議員が出てくるので、妙なリアルさを感じます。

そして、アメリカが核を落とすので、住民を避難させるように日本に指示したシーンでの、ある大臣のつぶやき「避難とは、住民に根こそぎ生活を捨てさせることだ」。これは福島原発事故へのメッセージと考えると、非常に深いセリフです。震災から2024年で13年、現状を考えると、この言葉の重みが刺さります。

ゴジラの中には原子炉があり、放射線を放出しながら歩き、口や尻尾から熱線を放出して、街を焦土化していきます。熱線放出は、ナウシカの巨神兵を彷彿とさせるものでもあるけれど、「モニタリングポスト」や「除染」などの言葉も飛び交い、完全に動く原子炉ですね。

最後のゴジラの倒し方は、血液凝固剤で冷却する、という医学的には「???」だけれど、要は冷やす方法で、福島原発事故のときもあの巨大な施設を普通の消防車の長いホースなどで冷やしたのと同じ、超アナログです。

そして、ついにゴジラを凍結できたあとの、長谷川博己さん演じる内閣官房副長官の言葉が、この映画の福島原発事故に対するメッセージではないかと思いました。

「スクラップアンドビルドでこの国はのしあがってきた。今度も立ち直れる」

「人類はもはやゴジラ(福島原発事故)と共存していくしかない」

霞が関の人をリアルに、そしてポジティブに描いてくれる貴重なありがたい映画です。まだ観ていない方はぜひ、細部の描写を楽しみつつご鑑賞ください。

第2章

霞が関サバイバルガイド

国家公務員が働く世界を知ろう

外から飛び込んで知った意外なカッコよさ

入省当時にあった〝悪い〟先入観

もともと私の持っていた公務員のイメージはあまりポジティブなものではありませんでした。やるべきことはきちんとやるけれど、新しいことに対する拒否感が強く、「現状維持が最大の美徳。言われたことをキチンと執行し、仕事は増やしたくない」という人が多いのではないか。そんな先入観から、霞が関の人になったばかりの頃は、新しい同僚にまったく期待していませんでした。

いやいや、そうでもないぞと見直した、思わず惚れてしまいそうになった霞が関の人のセリフを3つ紹介したいと思います。

①「法律がダメなら、法律を変えればいいじゃない」

これは、霞が関の人になって間もない頃の話です。私は当初、医療業界から人事交流で来ていたため、求められる役割は、新しい政策を考え、今ある政策が現場でどう生かされているか、どういう風にしたら適応できるか、医療現場の経験をもとに意見することでした。

医療現場にいると、現実に即していない規則が結構あります。「こうすればもっと効率がいいのに」「何でこんなことをしなくてはいけないの？」と思うことばかり。上司や先輩からは、「決まりだから」「そんなもんだから」と言われ、我慢をしなくてはならないことだらけでした。

そんな中、霞が関内の打ち合わせで、「法律のある制度がうまくワークしておらず形骸化している」という話をしたとき、課長がいともあっさりと言ったのです。

「そんなダメな法律なら、法律を変えればいいじゃない」

まさに目から鱗。本当に驚きました。

「えっ、法律って変えられるんだ！」

法律は絶対で、従わないといけないと思い込んでいたのに、規制する側の国の人たちはこんなに柔軟に現場に合わせようとしていたんだ！　自ら変わることを恐れない。大変なことであっても、頑固な現状維持ではなく柔軟な最適化を目指す姿勢に、グッときた経験でした。霞が関の人を魅力的に感じる理由の一つは、変化をむしろ歓迎する姿勢にあるのかもしれません。

②「理由がわからないのに謝れません」

外部の重鎮である利害関係者との打ち合わせでのこと。私が資料を説明するうちに、重鎮さんが急に怒り出してしまいました。

「この資料は誰が作ったんだ！　何もわかってない！」

資料を突き返し、「謝れ！」と言い出しました。こちらとしては青天の霹靂《へきれき》で、怒りの意味もわかりません。そして、資料を作ったのは私です。何がダメだったのかを尋ねても「勉強不足だ！」と言われるばかり。みんながあたふたと困惑する中で、課長が口を開きました。

「資料は、私が作りました」

普通に考えて、課長が資料を作るはずがありません。重鎮さんもそう思っているはずですが、恫喝《どうかつ》した手前、引くに引けないのか、「謝れ！　課長を辞めろ！」と怒り沸騰です。

ここは穏便に済ませるために、とりあえず「すみません。勉強不足でした。以後気をつけます」くらい言って場を収めるんだろう。それが大人の処世術なんだろうなと予想していたところ、違いました。

「理由がわからないのに、謝れません」

しばらく沈黙のあと、また先方が「謝れ！」と言ってきます。しかし、怒りの理由はわからないまま。何度か「謝れ」「理由を教えてくれ」のやり取りをくり返したのち、結果的に決別したまま打ち合わせが終わりました。

その後、いつも重鎮さんとやりとりしている課に、どうしてそんなに逆鱗《げきりん》に触れたのかを聞きに行ったところ、「重鎮さんのお気に入りの言葉を使っていなかったから」ということがわかりました。あまりにも理由にならない理由だったから、言えなかったんでしょうか。

課長の返答は、処世術的にはヘタなのかもしれませんが、管理職として矢面に立って部下である私たちを守ってくれたこと、納得いかなければ折れないという毅然とした態度に本当に感服しました。

③「必要なことだから大丈夫です」

急遽、アンケートをかなりの大規模で実施しなければならなくなったときのこと。集計が大変なので、どこか外部業者にお願いしようということになっていました。

職場はいつも人手不足。同僚は毎日資料に埋もれて残業三昧、ひいた風邪もなかなか治りません。そんな中、集まったアンケート結果を見たときに、予想以上に複雑で、そもそも専門用語を知らなければ分類できない、集計が難しいということがわかりました。外注するのは日程的にも技術的にも困難な状況です。

どうしよう……。そのとき、青い顔をした同僚が切り出しました。

「やります。外注するのは厳しいので」

システムを組んで、集計できる技術を持っているのは、その同僚ともう一人しかいません。でも、すでに完全なるオーバーワーク。多くの公務員のメンタリティは「できるだけ仕事を増やさない」ことだと思っていたので、その返答には思わず耳を疑いました。

「ええっ、大丈夫ですか？」

「必要なことだから、大丈夫です。必要じゃないことを無駄にやるのはイヤだけど、これは大事だと思うので大丈夫です」

日頃青ざめて疲れている同僚の中に、こんな芯の通った思いがあるのかと驚かされました。

霞が関の人の残業代は、全額は出ません(2016年頃)。予算に限りがあるという理由です。明らかにオーバーワークになっている同僚は、これ以上残業しても残業代が出ないのは本人もわかっています。

結果的にアンケート集計は期日内にできあがり、重要な資料として会議に出されました。これは「霞が関の人は、私が今まで見てきた公務員じゃないぞ」といよいよ思ったエピソードでした。オーバーワークがいいことではありませんが、いざとなったときに身を投げ出してでも働く姿勢はほんとカッコよかったです。

「公務員」に対する期待値ゼロだった私にとっては、とても新鮮にうつりました。知的好奇心が強くて、変化を楽しみ、目立つパフォーマンスはしないけれど芯がある。こういう人たちと仕事ができることが楽しくて、つらい時があっても頑張れた気がします。

終身雇用？ 出世は年功序列型？ 国家公務員のキャリアパス

どう完成する!? 霞が関ヒエラルキー

みなさん、公務員は安定の終身雇用だと思ってませんか？

トントン拍子に年をとっていくほど出世していくと思ってませんか？

公務員は安定しているし、ラクそうで、定時で帰れるしいい仕事だよな〜。そんなことを言う人もいますが、たぶんそれは身近に接している公務員、つまり役所の窓口や公共施設で見かける公務員などのほんの一部だけを見て、言っているのでしょう。

霞が関の人は、住民への対面サービスの仕事をすることはまずないので、どういう働き方をして、どういう人生のキャリアパスを歩んでいるのかを知る機会はほとんどないと思います。

実際は、定年まで霞が関の中で働いている人はほぼいません。

霞が関の人といっても、総合職、一般職、技官でキャリアパスは違うのですが、総合職、技官は全員定年までに霞が関から去っていきます。

ここでざっくりとですが、階級の名称を整理しましょう。若手から、係員→係長・主査→課長補佐・参事官補佐・室長補佐・専門官→課長・参事官・室長・企画官（いわゆる管理職）→局長・部長・審議官・官房長→事務次官（トップのポストは1名）で、霞が関ヒエラルキーは完成します。

霞が関ヒエラルキーを民間企業に置き換えると、「課長は中小企業の社長くらい、局長は大企業の取締役ぐらい」（同僚談）。給料ではなく、扱える案件の大きさという意味です。

霞が関で若手の課長かもうすぐ課長の課長補佐をやっている人が、地方自治体に出向すると、だいたい「部長」という役職、知事、副知事の次に偉い人になります。40代前半の人が地方で地方公務員のたたき上げのベテランの人の上に立つので、地方公務員の人からすれば、モヤモヤするんじゃないかと心配します。

衛星に飛ばされる!? 霞が関の壮大な椅子取りゲーム

霞が関の人の職種は主に二つ。一つは国家総合職（俗称キャリア官僚）、もう一つは国家一般職（俗称ノンキャリ）です。そのほかに少人数ですが、技官と呼ばれる技術職がいます。技官は省庁により、土木が専門だったり、医療が専門だったり、地学・理学などが専門だったりしますが、理系の人が多いです。キャリアの人の仕事は、政策の企画立案を担当し、一般職の人は政策の実行を行い、企画立案を支える立場と分けられています。キャリアの人は法律を、一般職の人は緻密な計算や予算、事業回しを得意としています。一般職の人も新しい事業を考えたりするので、ガッツリ政策立案に関わっているし、職種による能力の違いは感じません。

ただ、いわゆる総合職と一般職の人は出世のスピードが違います。

一般職の人は、最大の出世ポストでも課長、しかもそのポストは数少なく、ほとんどの人が最終ポストは課長補佐です。大まかな印象では、係員（20代）、係長（30代）課長補佐（40代後半〜去るまで）です。この階級の上がるスピードは省庁で違うようです。60歳まで課長補佐として霞が関にいるかというと、そういう人はあまり見かけません。

総合職の人と技官のキャリアパスは、係員時代はほとんどなく、20代半ばから係長、主査、30代前半から課長補佐、40代半ばから後半で課長、室長という管理職、50代頃から局長級、となっていきます。

課長補佐まではポストも多いので、本省といわれる霞が関内にいることも多いですが、管理職ポストになってくると座れる座席が減ってきて、椅子取りゲームの様相が出てきます。局長級以上のポストはほとんどなく、上り詰めたトップのポストは事務次官となります。このポストになる年齢は50代半ばですが、霞が関の人事異動は2年に1回が基本。後輩に席を譲るべく、事務次官ポストも2年しかいることができません。ところてん方式で、定年まであと2〜3年を残したところで霞が関を去っていくことになるのです。

この壮大な椅子取りゲームでは、課長くらいから徐々に霞が関にいる人が減っていき、国立の機関や、地方自治体などのポストにつきます。退職ではなく人事異動で出向しているので、悪名高い「天下り」ではありません。

そうして霞が関と地方を行ったり来たりしながら、次第に霞が関で出世していく人と、霞が関の外局をぐるぐる回って霞が関の中には二度と帰ってくることがない「衛星」と呼ばれる人たちが出てきます。「衛星」という言葉を初めて聞いたときは、「本省に勤めているのは真のエリート、外局は敗れた人」というニュアンスに、強烈だなと思ったものです。

「あの課長は衛星から久しぶりに帰ってきた」

「あの人はパワハラがひどくて衛星になったらしい」

人事異動のときには、そんなシビアな会話が繰り広げられます。

もちろん、外局で修業して、帰ってきたときは偉いポストという意図の人事もありますし、誰もが霞が関の中で出世したいと思っているわけではありません。霞が関にいると逃れられない、国会対応などの毎日の激務仕事が嫌で仕方ない、という人もいて、自ら外局で自分のペースで働きたいという人もいます。さらに、出向した先の自治体が気に入ってそのまま自治体に転職する人もいます。

そもそも、最近は転職する人も増えていて、いつの間にか消えていく人たちがどうしていなくなったのかわからないことも多いです。つまり、霞が関の人が、定年までのキャリアパスを見通すことはほぼ不可能です。

人事に関して驚いたことはもう一つ。局長、事務次官といったポストはあっても2～

3ポストなので、自分の同期がそのポストについたら自分にはそのチャンスはもうありません。そして、なぜか霞が関の本省を去らねばなりません。自分の後輩が追い越して出世しても関係ないや～というわけにはいかないようです。

出世する人はどんな人か、あまりにも個性がバラバラなので観察していてもよくわかりません。一つだけ言えるとしたら、不祥事や炎上案件に運よく当たらなかったラッキーな人、かもしれません。2014年頃から管理職の人事は政治家が権限を持つようになったそうで、政治家に嫌われていない人、というのも条件に入るのかもしれません。

出世目的なら見返りが少なすぎる

みんな、何を目的にして、世の中をどうしたくて霞が関の人になったのか。おそらく、それは一人ひとりにそれぞれ違った理由とモチベーションがあって、この過酷な労働条件の中、一生懸命働いているのだと思います。ただ出世だけ目指して働くにしては、この仕事は見返りが少なすぎる気がします。

そして、地方公務員も霞が関の人も、緊急事態のときにはやるべき仕事が山ほどあります。誰も逃げることはできません。東日本大震災のときも、新型コロナウイルス感染症の事態でも、普段定時で働いている人も不眠不休で働かないといけなくなります。それは、公務員の公務員である理由であり、それが公務員の本懐なのだと思います。緊急事態には、自分の会社の利益目的で動くのではなく、利他的な行動をすることができる組織が必要です。地方公務員なら地元のため、国家公務員なら国のために働けるのが公務員なのでしょう。

霞が関の人はとかく、得体が知れなくて、天下りや出世ばかり気にして老猾《ろうかい》に生きている人たち、というイメージを持たれがちです。でも、私が日常で触れる霞が関の人は、朴訥《ぼくとつ》で苦しい業務も（文句を言いながらも）ちゃんとこなし、緊急時には淡々と役割を果たそうとする人たちです。地方公務員も、日頃は淡々と決まった仕事を処理しているのが役割であっても、緊急時には臨機応変に働く人たちです。

新型コロナ対策で霞が関の多くの人が精神的にも肉体的に追い詰められている中、出世など平和なことが考えられるような日常が早く戻ってほしいと心から思います。

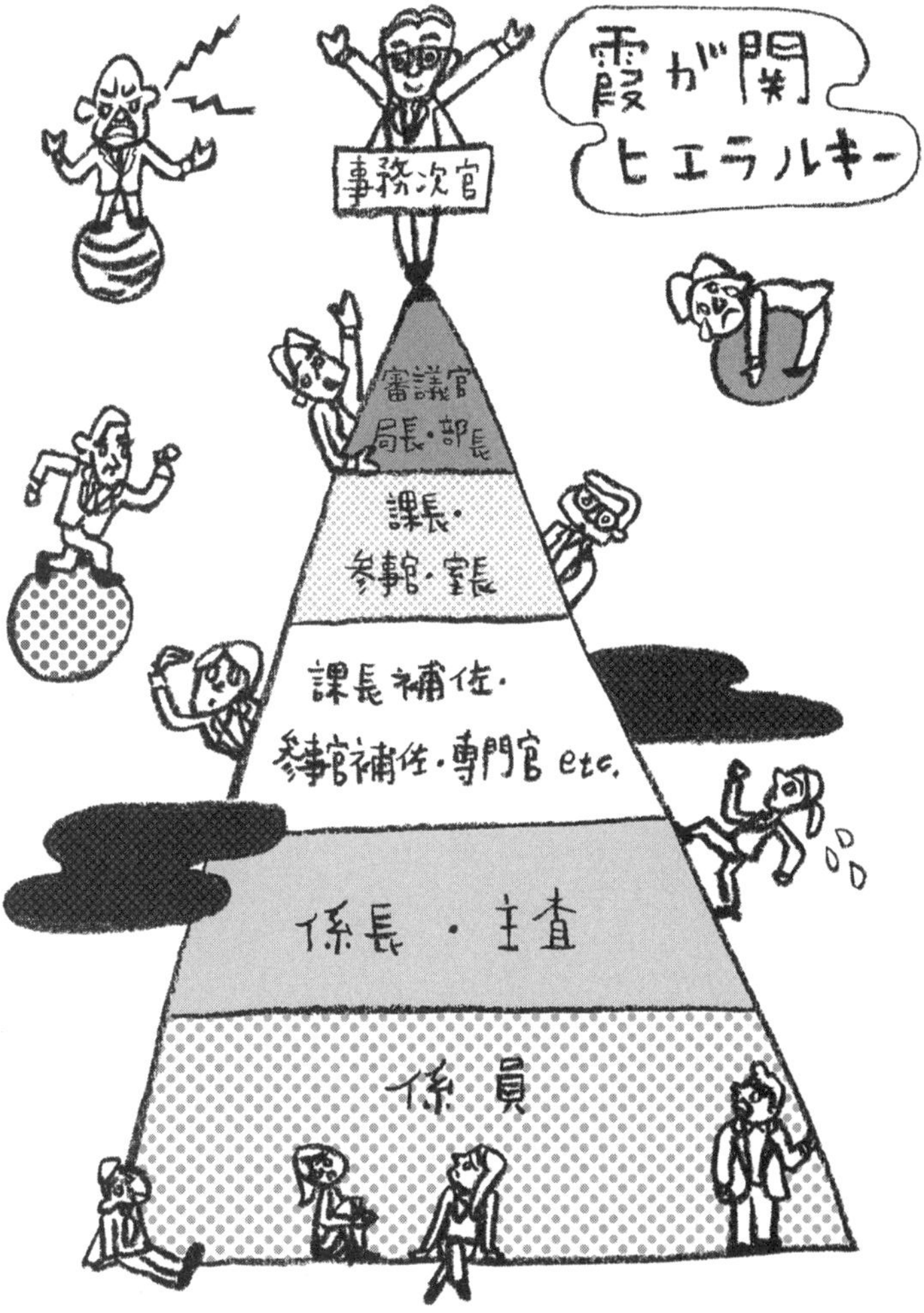
霞が関
ヒエラルキー
事務次官
審議官
局長・部長
課長・
参事官・室長
課長補佐・
参事官補佐・専門官 etc.
係長・主査
係員

霞が関の人事異動
ザ・大人のクラス替え

「長くて2年」が霞が関スタンダード

例年、6月末になると国会が閉会します。張り詰めた毎日からの、束の間の解放です。しかし、やった〜！　と喜ぶ間もなく、次々と霞が関イベントが押し寄せます。

大きなイベントの一つがザ・人事異動！

なんでこんな時期に？　と意外に思いますよね。もちろん3月末にも人事異動があるのですが、霞が関全体の大規模な人事異動は国会が閉会して数週間以内に行われます。おそらく、国会の開いている途中で人が変わると、対応に慣れていない人がやらないといけなくなるので大変、という配慮があるのだと思います。

人事異動の対象になる年は、6月中旬からソワソワ落ち着かない日々が続きました。

なぜ対象かどうかがわかるかというと、「霞が関で同じ部署にいるのは長くて2年！」という暗黙のルールがあるのです。

2年って普通の会社だと短いですよね。仕事に慣れて、業務の流れが一通りわかってきたと思ったらもう異動。なんと、私は霞が関に来てから、6年で5回異動しました。今まで、半年、1年、1年、2年、2年というスパンで異動しています。理由を推察すると、中途半端な時期に入省したことと、前任者が辞めてしまい「玉突き人事」でいなくなった人の穴埋めするための異動だったから。3つ目の異動先は、死にそうな目にあった法案審議のタコ部屋だったので、そのときばかりは早く異動させてほしいと希望しました。

こんな頻繁な異動をしていると感覚が麻痺してきます。2年くらい経つと仕事にも慣れてきて、「また同じことをするより、新しい刺激がほしい！」という刺激中毒になってしまっています。自分の仕事が実を結ぶまでじっくりと見守りたい気持ちもありますが、長く居続けるとそれだけ生き字引になり、負荷がジワジワと増えるので「リセットしたい！」という気持ちとが入り混じるのです。

同僚で、案件の大事な局面なので替えがたい人材（生き字引）ということで4年同じ部署にいた人がいました。上司から「4年目も同じ部署に留まる」と聞かされたときは、そのとき乗っていた車から思わず飛び出したそう。4年の重責は想像がつかないくらいしんどいんだろうなあと気の毒に思ったものでした（4年頑張って、その後は無事に脱出されました）。

自分が異動の対象じゃなくても、周りの人が替わってしまうのもそれはそれでストレスです。うまく一緒に働ける人だったらいいけれど、あんまり仕事のできない人が一緒のチームになったら嫌だし、上司がパワハラだったら恐怖でしかない。ということで、いずれにしてもソワソワします。

情報通の人は、あらゆる人脈や手を使って、自分の人事異動や同僚の異動をサーチしています。課長も、人事異動付近になるとしばらく離席していたり、コソコソ話をしたりして、不審な動きをするので、みんな顔を見合わせて、怪しいぞと合図を送ったりしています。

人事異動の内示は異動の1週間前が通例です（2週間前のところもあります）。東京都を出る地方への異動であればだいたい1カ月前に言われます。霞が関は海外転勤もあるので、場所によっては1カ月前で家探しも転居手続きも仕事をしながらやらねばならず、大変です。

霞が関内の異動でも、1週間の間に後任への引き継ぎ作業と、お世話になった仕事相手へのご挨拶、片づけ、などなどを急いでする必要があり、感慨にふける暇はまったくありません。これまでは送別会もありましたが、コロナの影響で歓送迎会は延期中です。もしかして一生会わない同僚もいるかもしれないと頭の片隅に思いつつ、それを惜しむ時間もありません。個人的にこの人にはお礼を言いたいという人には、個別にメールしたり、これからもつながっていたいと思ったら、省庁が変わるときはつながっていられるよう個人メールを伝えたりもします。

そう、霞が関は同じ省庁だけでなく、お隣の違う省庁への異動も頻繁にあるんです。異動とは言っても、やる作業は退職と入省を事務的にすべてやり直し。転職と同じです。メールも今まで使っていたものは凍結して、新しいアドレスになります。

異動の内示後は、1週間で怒涛のようなお片づけの日々を終え、7月から新しい部署に着任です。同じ霞が関といえど、部署が違うとお作法も違い、知り合いもゼロになるので、転職したくらい緊張する日々が続きます。

私の人事異動は省庁をまたがるものだったので、まるで新入社員のように初日からいろいろな事務書類を揃えます。パソコンも全然システムが違うので、イチから覚え直しです。せめて書類は引き継いでくれ～と思うところですが、それは役所仕事、個人のほうに手間をかけさせられます。それも5度目の人事異動なので慣れたもの、心を無にして作業をこなします。

それにしても、各省庁のシステムが違うのはどうしてなんでしょう。コロナを機によく使うようになったオンライン会議のシステムも、省庁によって導入しているソフトが違っていて、セキュリティも厳しいため1社しか使えません。そうすると、省庁間でのオンライン会議はシステムが違うから使えず、結局会うか、電話するしかない、というナンセンス具合です。それぞれの省庁がバラバラに業者と契約するからだと思いますが、こういうのはデジタル庁にぜひ統一してほしいですね。

環境適応力が鍛えられる異動後の振る舞い

私の直近の異動では、前任が早めにいなくなっていたので、新しい仕事の引き継ぎはまったくありませんでした。引き継ぎの書類を見ながら、滝のように流れるメールを読みこなすだけで1日があっという間に過ぎ去ります。人間関係もよくわからないので、どこまで上司に相談して、どこまで自分でやり、どこまで部下に仕事を振るのかも現場で把握するしかない。誰がどんな仕事をしているかもメールのやり取りを見ながら、読み取っていきます。そして、周りにどんな仕事をしてほしいと期待されているのかも、やり取りしながら少しずつ理解していきます。仕事は待ってくれないので、何が何だかわかっていない案件のレクに出席したり、打ち合わせで意見したりしないといけない場面も早々に出てきます。一応、そっと部下の人がいてくれたりしますが、タイマンはるのは自分の仕事。内心不安に思いつつも、動揺を見せない演技力と、「よっしゃ、とりあえずこい」という度胸試しの心持ちです。

新しい部署での仕事量は急増し、肌感覚的には6倍くらいでしょうか。毎日終電越えの同僚もいて、「こういう環境なのか」と理解が追いついてきました。

同僚はみんなすばらしく優秀で、淡々と大量の仕事をさばいていきます。私は今までの6倍の案件をさばくために、5分ごとに頭を切り替えねばならず、集中して考えたり勉強したりする時間がないのがつらい……。政策を考えるときには、じっくりインプットして考える時間が必要だと思うのだけど、こんな矢次早に処理しないといけない細かい案件があると、そりゃ画期的な政策は出てこないよな……と妙に納得してしまいました。

霞が関の人の優秀さをうまく活用できていない、と嘆くＯＢ・ＯＧの人の話にも納得している今日この頃。毎日終電越えの若手の同僚は、大丈夫なのか、心配は尽きません。

仕事のできる管理職の共通点はズバリ「調整力」

管理職たるもの、キャラの確立は欠かせない!?

霞が関の仕事で、とても大事なのが調整術です。

あっちで「わしは〇〇しか譲らん!」と言っている大物団体理事長を説き伏せ、こっちで「〇〇円にしろ!」と言っている議員に現実的な値段まで譲歩してもらい、と暗躍します。言われる前にこの議員は押さえておかねば! と自分から出向いて話をする場合もあります。

こういう仕事をメインでやっていくのは、「管理職級」といわれる課長以上の役職の人たちです。課長補佐級といわれるヒラ役人も、交渉・調整をすることは日常的にありますが、重い案件や、相手が納得しない案件だと、向こうから「課長出してこいや!」

と言われて相手にされません。決定権と責任は管理職にありますから、課長補佐級以下は根本的には伝書鳩みたいなものです。

ということで、レクに引っついていって、課長や局長の調整術、交渉術、戦略を日々見ながら過ごしているのですが、やっぱり役人20年以上の百戦錬磨の霞が関の人、さらに局長級はその中でも超生え抜きなので、みんな自分の交渉術・調整術の匠の技を持っていて感心します。

今回は、そんな手練れの管理職の人たらし術を少し紹介してみたいと思います。

まず、課長級以上はいつでもどこでも何時でも、携帯電話に国会議員や団体理事長などの大物から連絡が来ます。電話でのやり取りは、下っ端には何を話しているのかさっぱりわからないのですが、いろいろとデカい話をしているようで、物事がそのあとガガッと動きます。重鎮との日々のやり取りが相手の信用と信頼を得る方法なんだろうなあ、と思う一方、休日も夜中も関係なく電話をかけられたらたまらんなあ……と思ってしまいます。

日々、魑魅魍魎《ちみもうりょう》の人々と戦う管理職の方々は、それぞれのキャラや特技を生かして、うま〜く難題もまとめていきます。まさに調整の鬼ですね。具体的に挙げてみましょう。

ケース① 質実剛健、肝座ってますタイプ

このタイプの人は、霞が関の人にならなくても、ビジネスマンとしても大成しただろうなあという、人好きのする頭も良い交渉上手。英語も堪能で、国際機関で働いた経験もある人も多く、グローバルな視点もあります。こういうタイプの局長には3人ほど仕えたのですが、豪胆《ごうたん》で頭もクレバーで、仕事の細かいところまで頭の中で整理されているので、合理的に判断してくれ、余計な仕事を部下に振らず、自分一人で対応してくれるのでいちいち随行しなくてもよく、臨機応変なことにも対応できる柔軟さがあります。部下としては非常に楽で、ありがたいことこの上ない人です（ちなみに、霞が関では部下になって一緒に働いていたことを「仕えていた」と言います。武士のようです）。

国会が当たっても、何も見なくても自分で答弁できるので「（部下が作った）答弁はチェックしなくても大丈夫」と言ってくれたり、「随行はいらん」と言ってくれたりするので、だいぶ労働の省エネができます。

「器の大きさ」「朗らかさ」「コミュニケーション力」「実力に基づいた自信」に尽きます。大物議員や大物理事長と話すときも、過剰にへりくだることなく、笑顔で余裕な表情、冗談を言いながら「まあ、これはそういうことなんです」と言うべきことはキッチリと

伝える。相手の要望で飲めるところは飲んでいくけれど、こちらの譲れないところはしっかり線引きする、器の大きさを感じる交渉術です。単なる誠実さだけでなく、たぶん腹の中にはいろいろな手練手管や腹案があって、こいつは笑顔だけど一筋縄ではいかんな、というオーラが出ています。

ある局長に、仕事の面白さについて飲み会で聞いたことがありますが、

「永田町に近づいて理解しながら、ちゃんと霞が関は霞が関のやり方は通していく。国会での攻防なんて、楽しいけどな！」

と豪快に語っていて、政治ドラマか!?　こういう局長は多くないのが現実ですが、裏方仕事の霞が関らしくないカッコいい人たちです。

ケース②　譲歩できる真ん中の路線を見つけて、粘り強く説得していくタイプ

絶対に相手より強い風に見せず、悪く言うとへりくだっている風情で、「いや〜、それはちょっと……」と言いながら、相手が飲める条件を探していきます。あまりにも相手が酷い対応だった場合は、その場では怒ったり決裂したりはしないのですが、冷静に「次はない」と見極めています。細かな気配りをしつつも、押さえるべき人はキッチリ

押さえ、将棋の譜を読むように交渉していきます。これができてこそ、管理職なのでしょう。職場内ではプンスカ怒っていても、交渉・調整するときは笑顔で感謝の言葉を述べながらジワジワと攻めていく。これはストレスフルだろうなあと、横で見ていて胃がキュっとするときがあります。

ほかにも、ぐっと人の心に入っていきプライベート感を出す戦術の人や、自分の外見をいじってもらって好かれる戦術の人など、距離感の詰め方もみんなそれぞれの技を持っています。

課長から、「タフな交渉したことある？」と聞かれたことがありますが、自分らしい交渉術はまだないなあと思います（関西弁で乗り切る戦術はとったことがありますが）。補佐級以下の人たちは、まだまだ人間ができていないので、交渉相手にプンスカ怒ってしまったり、あまりにフランクに話をしてしまって相手を不快にさせたりすることもありながら、試行錯誤して自分らしい交渉術を身につけていきます。

意外にも!? ダイバーシティのある職場

二つの顔を持つ霞が関の人たち

霞が関の人はみんな骨の髄から「ザ・官僚」と思っていませんか? 国家公務員試験を受けて、20代前半からずっと霞が関の人として働いている人たちばかりだと思っていませんか?

実は、霞が関の人には、二つの顔を持っている人がいます。「人事交流」「出向」「研修生」などいろいろな呼び方をされていますが、「霞が関の公務員」という仮面を被りつつ、実は本職や本業が別にあり、期間限定(だいたい2年)で霞が関の中で働く人達です。

2枚目の本当の名刺には、「地方自治体職員」「大学の先生」「病院の医者・看護師・

保健師」「ＩＴ企業のＳＥ」「広告会社のデザイナー」「生協職員」「保険会社の事務員」「航空会社職員」など、かなりのダイバーシティです。

こういう人たちがいるのは、霞が関の本職の人たちが、日常的に現場の現状を聞いたり、専門的なことや、難しいスキルが必要な技術を教えてもらったりするためです。

私も最初に霞が関で働き出したのは、この「人事交流」としてでした。ただ、見た目は普通の霞が関の職員として擬態して働いているので、必要がなければ自分のもう一つの顔について話すことはないし、名刺にも書いていません。

レクに行ったときには、よく活動家や政治家から、

「霞が関の中で机の上だけで仕事をしていて現場を知らん！　けしからん！」

と怒られたりします。心の中で、

「その〝現場〟から来たんですけど……。多分あなたよりもずっとこの問題は身に沁みている当事者です」

と思うこともありますが、よほど必要な状況じゃなければ、

「実はわたくし……」

と名乗ることはせず、霞が関の公務員の仮面を被って、

「はあ、勉強不足で大変申し訳ありません」

と言っているわけです。あくまで〝霞が関の人〟に対して怒っているのであって、個人に対して怒っているわけではないと思って、霞が関の人という役割を演じています。

チームワークで進める霞が関の仕事

同じ課の中には、現場や企業から来た人のほかに、霞が関が本職の人がいます。主にいわゆるキャリアといわれる総合職の人、ノンキャリといわれる一般職の人、理系の技術職採用の技官です。総合職の人は「法令」ともいわれ、法律を書いたり解釈したりするのを得意とし、一般職の人は予算や事業の管理をするのが得意だったりして（エクセルのマクロ技術に長けたスゴイ人がいます）、技官は主に理系分野の専門を持ち技術的な話や研究に強みがあります。

課によって、その編成や人数配分は異なり、私が過去に所属した課も、課のミッションごとに全然違いました。法律を作って国会に通すというのがミッションの課（いわゆるタコ部屋）のときは、法令の人が大半を占め、技官と弁護士の出向者が少しでした。

特定のミッションにより新しくできた課では、法令の人はおらず、技官がメインで、ほかに一般職と大学からの出向者で編成されていました。ほかには、法令と一般職と技官が同じ割合いて、人事交流者が少数の編成の課もありました。

課によって国会対応をする職種も違い、ある程度得意分野は生かしますが、その課の文化や歴史やチーム編成で何とかやりくりして仕事を回しています。タコ部屋にいたときには法律の読み方も答弁の書き方もまったくわからなかったのですが、法令の人に手取り足取り教えてもらいながら、国会答弁作成道場でひたすら法律を読み、夜な夜な答弁を作成しました。

霞が関の人は異動も多く、チームメンバーもコロコロ変わるので、引継ぎ文書に書かれていないこともすぐに習得、最適化していかなければいけません。長年霞が関で仕事をしている人たちは、新しい課に行っても、役割をすぐに理解して、知らないことは誰に聞けばいいのか、どういう案件を誰に仕事を振ったらいいのかをすぐに把握します。異動した途端、組織の車輪の一つとして働き出せるのはスゴいスキルだなあと感心します。

それぞれの職種の特徴がよく出ているな~と思ったのは、ある打ち合わせでのこと。

課長が法令、一般職、技官の人をそれぞれ一人呼び出して、「こんなことをやりたい。どう思う?」と提案してきました。

そのときのそれぞれの反応はこちら。

法令:「この文章のここを少し直していいですか? これをやる法的根拠を少し探させてください」

一般職:「これくらいの作業量なら、エクセルでチャチャッとできるので大丈夫です。いつまでにやりますか?」

技官:「へえ、面白そうですね。ただ、この集計法だと統計的に検証するのが難しいので、もう少し細かく集計したほうがいいと思います」

みんな前向きに検討する点では共通していますが、興味を持つところが違います。いろいろな職種やバックグラウンドの人がいて、お互いの仕事を尊重して自分の役割を果たすと、いいチームワークが生まれてあっという間に仕事は進んでいきます。

一方で、チームワークがうまくいっていない部署だと、「それは技官の仕事でしょ?」「なんで法令の仕事をしなくちゃならないんだ!」と職種ごとの不毛な領域争いになります。お互いの業種に対してリスペクトと感謝が大事だなとつくづく思います。

霞が関の人のファッション事情

服装を見れば省庁がわかる!?

国会中継に映り込む霞が関の人を見て、「地味で無個性なスーツ集団」というのが霞が関の人のイメージではないでしょうか。たしかに、丸の内や大手町にいるような、テカテカの高そうなイタリア製スーツを着ている人は誰一人おりません。表参道や六本木にいるような、Tシャツにジャケット、おしゃれヒゲ、マッシュルームカットの丸めがね、といったデザイナー系おしゃれ男子も誰一人として生息しておりません。

だがしかし、よく観察すると、省庁ごとにそれぞれファッションに個性があるように感じます。それぞれ仕事相手になる人が異なるため、ある程度相手に合わせた格好にしたり、影響を受けているのではないかかな?

女性の服装はデフォルトがないので、比較的自由な印象です。役職のある人たちは無難なスーツが多い印象ですが、若手や事務補佐さんの中には、丸の内ＯＬか!?　というくらい、おしゃれで洗練された人もいます。ジーンズやノースリーブじゃなければＯＫぐらいの感じですね。国会や会議になれば、ジャケットを着れば切り抜けられます。

面白いのは、男性ファッションの微妙な違い。この数年で出会った各省庁の人たちのファッションチェックをしてみました（自分調べ）。

まずは、厚生労働省。圧倒的なスーツ量販店ファッション感。とくにおしゃれには頓着していないのがわかります。仕事相手も県庁、医療機関、福祉施設などお堅いところが多く、「高そう」なファッションは逆に印象が悪くなりそうです。腰が低いのが大事で、地味なファッションも、警戒されないための戦略の一つなのかも……？　過重労働で仕事終わりに遊びに行くこともできないので、おしゃれは必要ないと言えるかもしれません。

次に経済産業省。厚生労働省とは対極のおしゃれな霞が関の人が生息しています。いかにも高そう！　な服装はしていませんが、野暮ったくもない適度におしゃれなスーツを着ている印象です。女性もおしゃれで、本当に役所の人？　と思うくらい洗練されています。ほどほどのおしゃれ感がとてもモテそう。企業を相手に仕事をするからか、最先端の横文字ワード満載で話す人が多い印象です。

環境省のファッションは絶対的にゆるいです。年中クールビズ推奨で、ネクタイも年中必須ではありません。襟がある服装であればいいので、かりゆし、アロハ、ポロシャツ何でもこい。靴もスニーカーを推奨されています。なので、一番ゆるい格好をすると、アロハシャツ＋チノパン＋スニーカーという、リゾートファッションで通勤できます。（プラス最近ではエコバック）。そこまでラフな人はまれですが、ほんわか、まったり、穏やか系ファッションの人が多い気がします。

農林水産省は、環境省ほどではないものの、穏やかゆるめファッション率が多いです。方言が強めな人が多い印象なのは、なぜなのでしょうか。

財務省の皆さまは、お金を扱う省庁だからか、あえて高級感漂う格好はしていないのかな……と思うくらい地味めです。しかし、醸し出される〝圧〟はどこからくるのか、財務省特有のオーラがあります。

最後に警察庁。「踊る大捜査線」の柳葉敏郎さんがいらっしゃるところです（警視庁

とは違います）。スリーピースのスーツに角刈りがデフォルトではないかというくらい、ベストやサスペンダー率が高い。制服は着ていません。体育会系の年功序列が染みついており、規律正しいけれど、文化系サークル出身の私には、一緒に働くのはちょっと息苦しい。ほぼ東大出身者だけで構成されているという噂で、結束力が強い印象です。

以上、完全に主観のファッション紹介でしたが、ファッションも言ってみれば擬態で、TPOに合わせて変化するものなのでしょう。

霞が関の人はどんな恋をしているの？

多忙すぎて、婚活もスピード勝負!?

ある女性から「霞が関の人（男性）に片思い中なのですが、どんな恋愛しているか教えてほしい」と聞かれました。「ぜひお役に立ちたい！」と思ったものの、男性職員の恋愛話がほとんど耳に入ってこないということに気づきました。職場で恋愛トークはじめプライベートトークをあまりしないようにしているので、情報が入ってきません（セクハラになりますし）。

周りを見渡しても早くに結婚した人が多くて、既婚者率が高いので、恋愛トークをする期間が短いのでしょう。ちなみに、20代後半から結婚ラッシュが始まり、30代前半の同僚は9割が既婚者、30代後半になるとほぼ全員既婚者です。20代半ばまで学生をして

いた自分にとっては、はや！　と思ったものですが、そこには事情があるようです。私に珍しく赤裸々婚活トークをしてくれた人たちの話を、インタビュー調にお楽しみください。

――そもそも、霞が関の人はなぜ結婚が早いのでしょう。

A：30代になると（20代に輪をかけて）めちゃくちゃ忙しくなるので、気づいたら40代になってるんです。婚活している暇がないので、20代がラストチャンスなんです。先輩たちからも言われます。

――でも、20代も十分忙しいですよね。いつ婚活しているのですか。

A：国会がないときです！　国会中は待機でドタキャンすることが多くなるので、チャンスを逃すんです！　ちなみに後輩B君は、比較的早く帰れる部署にいる今がチャンス！　といって意気込んでいます。

――どうやって婚活をしていますか。

A：同僚が開いてくれる合コンですね。最近は婚活アプリもやってます。効率も大事なんです。

――お相手にはどんな人を求めていますか。

A：仕事をしている人がいいです。自分がメンタルをやられて休んでも、何とかなるからです（笑）。

――リスクマネジメントも考えていらっしゃるんですね……。

A：そうですね。この生活をわかってくれる人がいいんですけどね。「国会待機で帰れない」とか、普通に考えて意味がわかりませんから。

と、いうわけで、何とも大変そうな霞が関の人の婚活事情。

ツイッターを見ていると、「公務員男子と出会ったけど、返事がなかなかない」「音信不通になった。もうダメかも」なんてつぶやきをよく見ます。でもおそらく、メール一つ返すのにも、限られた時間で何とか仕事脳を切り替えて必死で送っていると思うので、大目に見てあげてほしい……。そして、1～7月の間、10～11月の国会の間はドタキャンも許してあげてください（ほとんど1年中やないか、というツッコミは置いておいて）。

実際に、皆さんどういう人と結婚しているか見渡してみたところ、多いのが「同期」「後輩や前の部署の同僚」「学生時代から付き合っていた人」です。「同期」との出会いは、入省すぐにある1か月の研修で出会うようで、省庁が違うもの同士が結婚していたりします。もちろん、合コンの出会いも普通にあるようで、お相手の職種はさまざまです。

また、職場には、事務業務を担ってくださる「事務補佐さん」がいます。気の利く優秀な女性が多いのですが、結婚相手や恋人は知っている限りほぼ全員霞が関の人ですね。

なんせ恋愛する時間がないので、出会いから結婚までは短期決戦。「さあ婚活するぞ！1年以内に結婚するぞ！」とエンジンかけて、すごい勢いで効率よく結婚していく人が多い印象です。霞が関の人の中には、地方自治体から出向してきて2年限定で働いている人たちもいて、

「地元の田舎では結婚相手が見つからない。東京にいる間がチャンス！　パートナーを見つけて連れて帰ります」

と目標を立て、見事に、任期終了時と同時に結婚相手を連れて帰った猛者も何人か知っています。

霞が関の人は合コンに行ったら概ねモテているのではないかと思います。霞が関の人の恋愛事情をリサーチするにあたり、さまざまなブログを読み漁ったところ、「一人捕獲したら芋づる式」「コリドー街にいるのは経産省官僚」「割り勘になる」など肉食女子

の本音が……。そういえば、昔誘われて行った霞が関バレーボールサークルは、他業種の女性がたくさん来ていて、ああここは出会いの場なんだと納得したものでした（霞が関のクラブ活動は、「将棋」「ヨガ」「茶道」などさまざまあるようですがクラブ総数や活動頻度は謎です）。

人生のカタチは人それぞれ

霞が関の人は結婚相手としてどうなのか。考えてみたのですが「結婚に何を求めるか」によって変わりますね。

やっぱり一番の問題は、常軌を逸した勤務時間の長さ。ほぼ平日に家事や育児はできないのではないか、という働き方です。さらには、緊急時や災害時は逆に働かないといけなくなるため、いざというときに家庭を守ってくれるのも期待できないでしょう。ただ、嘘偽りなくずっと働いているので、夜遊びでお金を使うことはおそらく少ないと思います……。基本的に真面目な人が多く、家事育児もできる限りやりたいとは思っているけれど、物理的にできない！　という人が多いのではないでしょうか。

昨今は、男性の育休取得が推進され、上司からもとるように命令されていますが、とれて1～2週間がいいところかと思います。20～30代の職員は共働き夫婦が多いので、社会の変化に合わせて、男性の育休がもっとスタンダードになるといいですね。

尚、霞が関の女性の婚活は、サンプルが少なすぎて、把握できず……。合コンに行くと「国家公務員」という肩書きにドン引きされるなんて悩みも聞きますが、キャリア女性にひるむ男性はあっさり切っていいと個人的には思います。とにもかくにも、頑張ってるみんなに幸あれ！　です。

霞が関では何万人もの人が働いているので、性別や年齢問わず、いろんな恋や結婚、夫婦のカタチ、家族のカタチがあってしかるべきと思います。そして、それはどんな組織も一緒ですね。

ステキなオフィスでテンション上げたいよ問題

職場環境からくるストレスを減らしたい！

霞が関には、多くの省庁がひしめき合っています。よくテレビで外観は映ると思いますが、どんなオフィスで働いているか見たことのある人は少ないのでは？　一度、職場で写真を撮ろうとしたら、警備員の方に「撮影禁止です」と言われてしまいました。なかなか厳しく管理されているようです。

オフィスの特徴といえば、完全に「密」。ただでさえ人と書類にあふれていたところに、2020年以降はコロナ対策班が会議室やオフィスをいくつも使っているため、コロナ対策班以外が使える会議室がほぼない状態に……。打ち合わせは廊下に放置されている机や椅子を使って話したり、廊下で立ち話をして打ち合わせをしたり、食堂を間借りして会議をしています。それはもう、不便です。人やモノが密集しているので、コピーをとりに行くのもカニ歩き状態、椅子を引くと後ろの人にぶつかります。「お〜〜〜い、コロナ対策どうなってるんや〜〜い」と海に向かって叫びたくなります。

コロナが収束すれば、心地よい職場空間になるのでは？　と思うかもしれませんが、通常モードのときも似たようなもの。コロナ前のある日、エライ方が職場に来られたので会議室にお通ししたら、

「ここが会議室なの？　倉庫かと思った。みんな、頑張ってるね……」

と同情されてしまいました。

２０２０年から、厚生労働省は、通常は講堂のところをコロナ対策班としてずっと転用していますが、ここがまた劣悪な職場環境なんです。「シン・ゴジラ」の後半に登場する立川基地とコロナ対策班が「そっくりだよ」と現場から聞いていたのですが、ほんとにそっくり！　ただ、規模がシン・ゴジラの5倍くらいあるんじゃないかな……。ここで、パイプ椅子で夜中まで、というか夜通し、仕事をしているんです。1回目の緊急事態宣言発令前の、非常に緊迫していた3月頃は、とても寒いのに暖房も入らなくて、みんな着込みながら仕事をしていたと聞きました。そして今も、毎晩遅くまでカタカタ

パソコンを叩いているのでしょう。

IT企業をはじめイケてる企業のフリーアドレスのおしゃれな職場。コーヒーや軽食を楽しめる雑談スペースでアイデアが出てきたり。夢のオフィスだなあ、残業のストレスも軽減しそう～と同僚と妄想して現実逃避しています。

省庁によってオフィス事情は違っていて、比較的新しい建物の経産省や文部科学省、総務省は、オフィスはゆったりゆとりがある感じです。経産省は部署によってバランスボールを椅子にしていたり、共用スペースも比較的おしゃれな雰囲気です。逆に、財務省、厚生労働省、環境省、農林水産省は建物が古いこともあって、ザ・昭和です。農林水産省は建物の中に木がたくさん使われていて味があります。

ただ、少しずつですが、霞が関のオフィスも改善を目指して頑張っているようです。代表的なのは、総務省行政管理局。紙に埋もれていたデスクをフリーアドレスにして、管理職席をなくしたり、背丈サイズの個人ロッカーを小さくして職場スペースを広げたり、ペーパーレス会議で準備時間の大幅削減につなげたり。コロナ前の時点でテレワーク環境もばっちりで、羨ましい限り……。また、環境省でも一部の課では、フリーアド

※新型コロナウイルスが5類になったことを受け、講堂でのコロナ対策班は解散

レス化が進んでいる様子。大量の書類をＰＤＦ化しデスク上の内線（固定）電話も廃止。一度、ガラス張りの会議室を使わせてもらったときには、冴えない役人じゃなくて、イケてる企業に勤めているイケてる人みたいじゃない？　とやたらテンションが上がりました。会議の参加者みんなもご機嫌で、やっぱりオフィス環境って大事！　と実感しました。

同じ仕事をしていたとしても、ものも紙も少なくて、人口密度も低い広々と環境があれば、それだけでストレスは軽減するはず。整然とキレイなデスクに、緑もあり、ちょっとした休憩や雑談ができるスペース、軽く打ち合わせができるスペース、すぐにいろんな人とアクセスできる動線、肩こりになりにくい椅子……。それらが揃った環境で働けるとパフォーマンスも上がるし、それだけで辞めたくなる人も減るのでは。ついでに、深夜残業用の仮眠室もあればいいのに。

そして真夏はオフィスが熱帯雨林になります。エアコンは、28℃設定なのですがパソコンと人の熱気で本当に熱く、コピー機も湿気で紙が詰まってしまうなんてこともあります……。

大臣！　霞が関の働き方改革、オフィス改革もよろしくお願いしますね！

第 2 章
霞が関サバイバルガイド　国家公務員が働く世界を知ろう

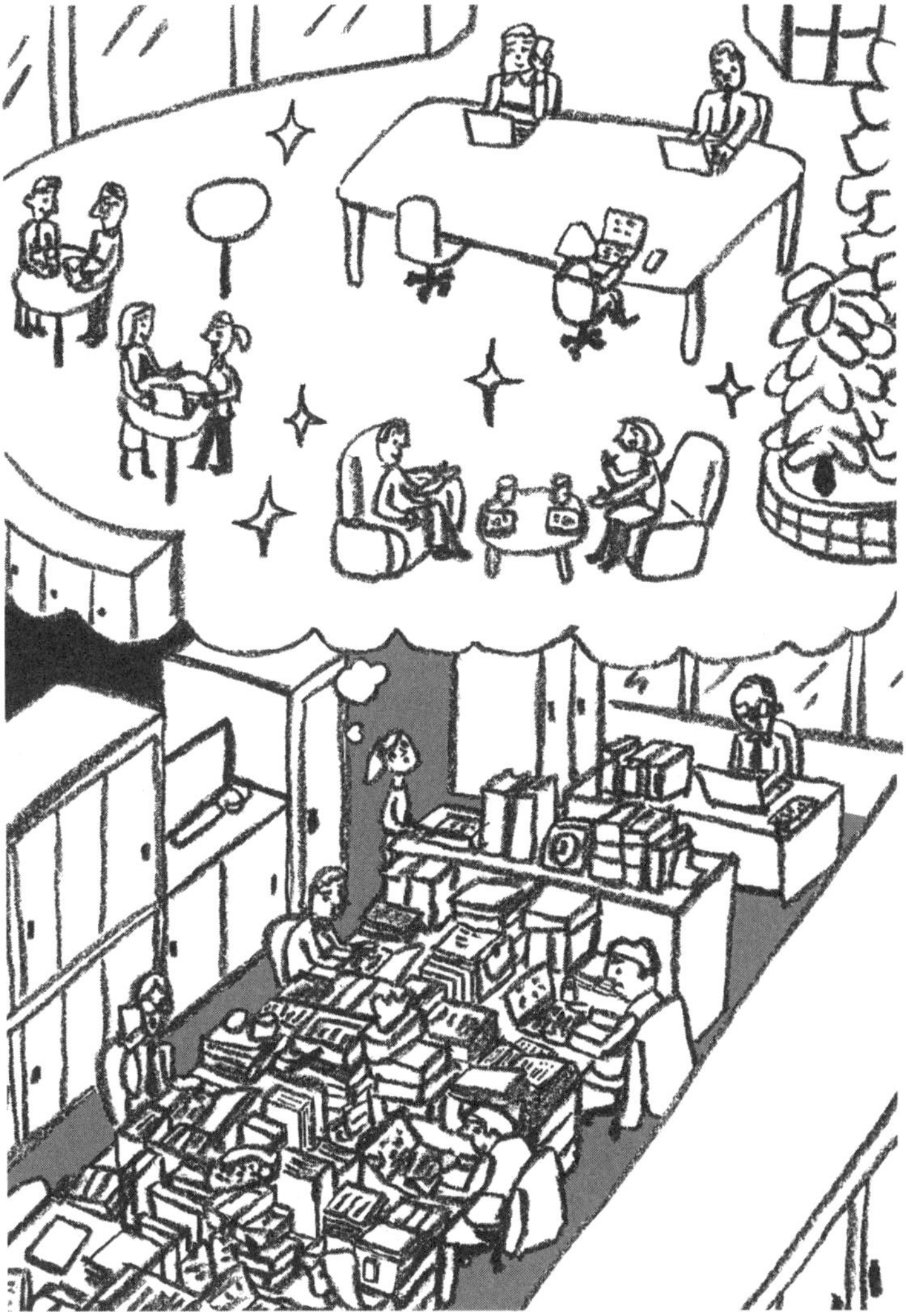

霞が関版サラ飯 おいしい省庁は○○だ

ランチを求めて各省庁を巡る

霞が関の昼休みは基本的に12時から13時の1時間。霞が関界隈で何万人もの人が1時間で昼食を食べないといけないので、外食するのは至難の業です。

そもそも霞が関界隈は、役所と企業ばかりでランチができるお店が少ない。霞が関から少し離れた新橋や虎ノ門には、リーズナブルな定食屋さんがいくつかあるけれど、1時間で行って帰ってくるのは忙しい。定期を持っている人は銀座まで繰り出すこともあるけれど、それもせわしない。

となると、ランチ難民の残る選択肢は、それぞれの省庁が持つ「食堂」になるのだけれど、残念ながら、評判はあまり良くありません。というのも、一番の理由は「安くな

い」から。値段は、一番安くても600円くらいはするし（職員割引もなし）、店の雰囲気もイマイチだから。そんなランチ難民の苦肉の策として、毎日のランチを少しでも気分転換できるよう、自分が働いている省庁ではない、ほかの省庁の食堂でランチを食べようと考える人もいます。

というわけで、同僚からのクチコミをもとにいくつかの省庁でランチを食べて、自分調べで、「霞が関省庁版食べログ風ランチランキング」をやってみました！　☆5つが満点ですが、☆5つは「ふつう」くらい。書いていない省庁は行ったことがありません。

ちなみに、省庁の中にある食堂は、各省で競争入札しているので、それぞれ違い、何年かに1回業者さんが入れ替わることもあるようです。食堂以外にコンビニやカフェも入っている省庁も多く、フロアをカートで巡回してくれるお弁当屋さんもあります。

1位（ベスト）：財務省

味☆5つ　値段のリーズナブルさ☆4つ　食堂の雰囲気☆1つ

500円で最安のランチが食べられるのはさすが財務省!?　しかし、建物が古く狭いので、ゆったりとは食べられない。

2位：農林水産省

味☆5つ　値段のリーズナブルさ☆2つ　食堂の雰囲気☆2つ

農林水産省だから米がおいしい！　と太鼓判を押されて行ってみた。1階と地下に食堂があり、1階はメニュー表がデザインされていたりして、やや雰囲気が良い。しかし、人がぎっしりなのは同じ。メニューにバラエティがある。一品ごとにとっていく形式で、値段を意識しないと一気に900円くらいになってしまう。地下にお寿司屋さんがある。

あとで農林水産省の人に聞いたところ、「古米を使っているので、米がおいしいはずはない」とのこと……。「米おいしい説」は、農水ブランディング効果による錯覚だったのか。

3位：文部科学省

味☆4つ　値段のリーズナブルさ☆3つ　食堂の雰囲気☆4つ

味はごく一般的な大学の学食のよう。新しい建物で、ガラス張りのため、開放感があり雰囲気がよろしい。値段は600〜700円くらいで食べられる。

4位：経済産業省

味☆4つ　値段のリーズナブルさ☆2つ　食堂の雰囲気☆4つ

タニタ食堂と同じメニューらしい。さすが企業サイドの経済産業省、キャッチーな選び方。しかし、ヘルシーすぎて、すぐにおなかが減るのでコスパが悪い。食堂の雰囲気は文部科学省と同じくらいのきれいさ。あまり混んでいないのが良い。

5位：（ワースト）厚生労働省・環境省（同じ建物）

味☆2つ　値段のリーズナブルさ☆1つ　食堂の雰囲気☆1つ

（ただし、最上階の26階に入っている「中華料理店 龍幸」はおいしく、日比谷公園、皇居などを見渡せるとてもいいレストランです）

食器が病院食のようなプラスチック製で、おいしくなさそうに見える。値段は700円くらいする。地下の薄暗い場所にある。健康に留意する厚生労働省なのだから、もう少し健康押しブランディングすればいいのに。

番外：国会議事堂内の食堂

衆議院・参議院それぞれにさまざまな食堂あり。一度、重厚な昭和レトロ喫茶のような食堂に行き、エビフライ定食を食べた。昔からやっている店長さんのホスピタリティが良かった。有名議員も何人か近くにいて、ちょっとミーハー気分になった。

ここで、心の叫びを聞いてほしい。願わくば！　昼休みのフレックスタイムを導入してほしい‼　11時から15時くらいの間で、1時間の昼休み休憩を自分の仕事の都合で決められたらいいのに！　そうすれば、待ち時間のタイムロスもなくなり、広い空間でランチを楽しめ、お店側もランチにあぶれてコンビニやお弁当で済ます層を取り込めます。ゆったりと給仕でき、Ｗｉｎ－Ｗｉｎではないでしょうか⁉

どなたか偉い人！　ランチフレックス導入での働き方改革、ご検討ください！

2022年現在、コロナ対策で時間差昼休みが導入される省庁ができ、思わぬところでフレックスが実現。混雑も緩和されました。お店の情報も2020年頃のものです。

霞が関の人の兼業・副業事情

作家、研究員……セカンドライフの夢はふくらむ

公務員にとって兼業・副業って憧れです。第二の生きる場所、薄給の穴埋め、本業がうまくいかなかったときの保険、いろんな意味で新しい働き方として注目をされています。

公務員って兼業・副業できないんじゃない？　と思った方がいるかもしれませんが、実は、霞が関の人もできるんです！　ただし、正々堂々と申請して許可が得られれば！

制約や条件を見ると、国家公務員は原則として「国民のために働く者」なので、営利企業での兼業は難しく、非営利組織の場合は、許可が下りることはあるようです。ほかに、株をやっている人、博士号を持っていて無報酬で大学の研究員をやっている人もいるよ

うです。

ただ、忙しすぎて兼業できない……というのが現実なのか、周りで兼業している人の話を聞きません。そこであるとき、いろんな省庁の人が集まる飲み会で「兼業トーーーーク」をしてみました。

「いやぁ、兼業したいよね」「周りに兼業している人いる？」などと話す中で、出てきた驚きの兼業が……ザ・熊狩り!!

たしかに、熊狩りをはじめ狩猟は「野生鳥獣の保護増殖」「有害鳥獣の捕獲」を目的とした、まごうことなき公益活動です！

農林水産省の人曰く「職場から狩猟免許とれって言われるんだよね」と。ただ、土日で狩猟をすすめられるものの、農林水産省は、「本業とのＣＯＩ（利益相反）があるということなのか、兼業じゃなくってボランティアとして！」だそうで、よくよく聞くと報酬のある兼業とは言えない？　経産省はインサイダー取引の恐れからか、株はできないらしく、各省庁、いろいろな事情があるようです。

ほかには、作家活動、講演会の講師、公立医療機関での医療行為（医師の資格のある人限定）などなど、ちゃんと申請すれば報酬ありで可能です。兼業とは認められないた

め、無報酬の趣味としてK1選手や、ラクロス選手、手話通訳などやっている人もいます。
霞が関の人の二足の草鞋、長時間労働のハードな仕事人生とは別に、自分の個性や生きがいを発揮する場所づくり、二つあってより豊かな人生になるのかもしれません。
ちなみに私は、美術館ボランティアがマイ・セカンドライフです。いつかアートと行政を融合できるような仕事ができるといいな。

霞が関でどの省庁が一番エライ？

人とお金を握る省庁に力あり!?

たくさんの省庁の建物が並ぶ霞が関。農林水産省は農業や畜産などを担当し、厚生労働省は医療や福祉や労働を担当し、外務省は外交を担当するなど、それぞれ重要な役割があります。

が、内閣府のように「そういえば、あの省庁って何しているんだろう」というところもあるのではないでしょうか。霞が関は縦割り組織と揶揄されることもありますが、お互いのやり取りがどれくらいあるのか、省庁によって序列はあるのか、もナゾですよね。

もちろん、役割が違うのでどこが偉いかなんてないですが、文書などを書くときは古くからできた省庁順に記します（建制順）。

そのルールでいくと順番は、内閣府、復興庁、総務省、法務省、外務省、財務省、文部科学省、厚生労働省、農林水産省、経済産業省、国土交通省、環境省、防衛省となります。環境省は省庁再編の2000年頃にできた比較的新しい省庁。環境省の人が、「我々ベンチャー省庁だから、ノリが軽いんです」と言っていたことを思い出します。

私の実感として「エライ省庁」は、財務省と内閣官房です。

財務省は、何か事業をしたいときに予算をもらいに行く省庁なので、それだけで頭が上がらないんです。やっぱり、家庭でも仕事でも、お財布を握るところは強いです……。

国会答弁を書くときにも、お金が絡む話だと「財務クリア」という、財務省に答弁をチェックしてもらわないといけない一手間があります。財務省は各省庁から来る答弁をチェックしないといけない多忙さからか、お返事にも時間がかかります。財務クリアが必要な国会答弁は、財務省からの返答をひたすら待たなくてはならず、たまに深夜3時くらいになったりもします。ひたすら忍耐です……。

予算の話をするときも、財務省で30代後半くらいの人と対等の立場で話せるのは、40代後半くらいの課長という格差があります。

●●●●● 調整役は能力とやる気次第!?

そして、もう一つの「ザ・エライ省庁」は内閣官房です！

内閣府と内閣官房は違う組織です。簡単に言うと、内閣官房は、内閣総理大臣を補佐・支援する機関で、安全保障やサイバーセキュリティといった「国家の一大事」になりうる案件に関わります。重要な政策に関する、基本的な考え方・方針などを企画立案します。内閣府は、内閣官房の方針などを踏まえて、具体的な企画立案や総合調整を行います。

内閣官房という組織は官邸直結の組織なので、「官房長官が……」と言えば、ほかの省庁はひれ伏すしかないという力関係です。ただ、内閣官房には、その組織専属の職員はおらず、プロジェクトごとに各省庁から人がかき集められて構成されています。例えば、統合型リゾート（ＩＲ）整備推進法案、通称「カジノ法案」のためにかき集められたプロジェクトは、ＩＲに関係のある省庁である財務省（お金）、警察庁（カジノの取り締まり）、国土交通省（土地）などからの出向者で構成されます。ほかに、民事の法律関係に詳しい弁護士、ギャンブル依存症関係に詳しい厚生労働省の人、教育・啓発関係で詳しい文部科学省の人、などさまざまな人材が内閣官房に差し出されます。

そこで内閣官房が行う主な業務は、省庁横断でプロジェクトが進められるよう、各省庁に指示出ししてまとめること。指示だけ出してまとめる仕事ということで、官房は「ホチキス止め」と揶揄されることもあります。バラバラと資料の指示だけ出して、自分たちは汗をかかずに集まった資料を単にホチキスで止めているだけ、という意味だそうです。辛辣です。実際にホチキス止めだけするのか、ちゃんと調整役として機能するかは、プロジェクトチームの能力とやる気次第なのかな、と思います。

この内閣官房という組織は、いろいろな省庁から人が集まっているだけに、同じ霞が関の人といえど、言葉の使い方、霞が関用語の違い、上下関係の強さなど、それぞれの省庁文化が違っているのがわかり、興味深い現象が起こります。また、もともとゼロベースから立ち上がったプロジェクトなので、今までの蓄積や前例がなく、すべて手探りでやっていくしかありません。

上下関係が非常に強く、資料もがっちりキッチリ固める警察庁から見ると、ほかの省庁はユルイなあと感じたり、国会の終了の合図も「厳重居所」「登録待機」などと各省庁で使っている用語が違うので、最初はお互いに「は？」となったりします。まさに霞が関ダイバーシティ。お互いの省庁の話をし合うのは面白いです。

例えば、農林水産省の役職名は担当する海産物の名前になっていて、「タコ係長」や「サンマ専門官」といった役職が実在するなど、小ネタ集のやり取りがてんこ盛り。自分たちの省庁の当たり前がほかの省庁の当たり前ではない、ということが狭い霞が関界隈でも起こります。「自分の常識は他人の非常識」を知るためにも、ダイバーシティは必要だなあと思うところです。

財務省や内閣官房は金や権力を持った組織……と紹介してきましたが、働いている人はみんな同じ霞が関の人。人としてどっちがエライというのはないと追記しておきます。

コロナで変わりつつある霞が関の働き方

一斉にリモートワーク導入も国会対応は変わらず!?

新型コロナウイルス感染症の蔓延により、徐々に霞が関の働き方も変わりました。コロナで変わったなと思う点を書き留めます。

コロナ対策を担当している部署とそうではない部署、省庁によっても働き方はまったく違うと思いますので、これは私が経験した1例だということをご承知おきください。

①テレワークの大幅導入

新しい働き方でわかってきたことは、仕事は基本的にはメール＋電話で普通にこなせること。ただ、細かい感情の入ったやり取りができなくなるので、意識的に同僚とちょっとした雑談をしないと仕事の方向性や思いが分散してしまいます。

同じ職場にいた頃は、あえて日常会話をしなくても情緒的な交流ができたけれど、リモートワーク状態になると、意識的に日常会話や雑談をしないと一体感がなくなっていく気がしました。仕事をこなすだけであれば、メールをひたすらラリーすればできますが、それだけではいつか何かが枯渇してしまいそうです。「こう来たらこうだよね」という阿吽の呼吸や方針の立て方は、今までの仕事の積み重ねで共有できても、新しいものに対しては「どう思う?」と逐一確認しないとバラバラになっていく気がしました。

そんな中、1回目の緊急事態宣言中、ほぼ全員がリモートワークになった時に行っていた毎日の半分雑談ミーティングで、同じ課内の人の今まで聞いたこともなかったプライベートのこと、趣味や休日の過ごし方などを話すことで、円滑なチームワークと、お互い助け合って一緒に乗り越えなきゃね! という気持ちが芽生えていきました。距離は遠くなったけれど、人間としては近くなったような不思議な感覚です。

②上司への了解のとり方

今までは、上司への相談や確認は相談要件をまとめた紙を印刷して、直接口頭で説明するのが礼儀、ルールだったのですが、印刷はできない、会えない、という状況になったので、かなり上の上司にもメールで確認、相談です。これは非常に効率的で、案件をあげるタイミングを見計らったり、相談のための予約をしなくて済み、上司も自分の空き時間に確認できるので、スイスイ仕事がはかどりました。

③オンライン会議の急増

オンライン会議も急激に増えました。コロナ対策が厳格な時は、基本的には出勤していてもオンライン会議でした。気づいたのは、関係性がリアルよりフラットになること、意見を言わない人はいないのと同じということです。今までは、上司が部下に強い言葉で話したり、不機嫌な態度をとることで若者が縮み上がったり、誰かが話をさえぎってしまうなど、職場の力関係が如実に表れていました。でも、オンライン会議だと、どんなに不機嫌な態度も、基本的にはラジオ状態なので伝わってきません。また、誰かが独占して話していたら、あからさまにわかるので、それぞれ発言する機会が均等にできるような雰囲気があります。そのかわり、今まで自分の意見を言わず座っているだけだった人はますます存在感がなくなり、会議に貢献していない人が明らかになります。

出勤時には、職場で複数の人がいるときにソーシャルディスタンスをとるために、テレワーク中の人の席に座ることになり、実質上、フリーアドレス状態になりました。書類の山だった机にほかの人が座る可能性があるため、みんな机の上をきれいにするようになりました。結果的に、フリーアドレス、リモートOKのイケてる職場に急変です。

また、外部の人（国会議員を除く）との会議や打ち合わせがほぼオンラインになりました（出張がなくなったのは少し寂しいです）。

コロナ前までは、検討会などで20人くらいの委員がいると、事前にほぼ全員に実際に会いに行って打ち合わせをしていたので、時間も労力もかかっていました。これがオンラインでできちゃうので、とっても時間の節約になりました。また、関東以外に在住の委員を選びやすくなったのも良かったことです。

そして、ここで若手職員の活躍の場が急に増えたのも良かったな！　と思います。オジサン世代の人たちは断然オンライン会議に慣れていないので、デジタルネイティブに近い平成生まれ職員が大活躍！　立場逆転になるのが面白いところです。

「〇〇くん〜オンライン会議の予約入れて〜。これどう動かすの？」

みたいな年配者の困った状態に、

「ハイハイ。これはハウリングするのでミュートにしてくださいね」

と、22歳の係員が手取り足取り教えるやり取りは、親子のようでほほえましいです。

一方で変わらなかったこと。これはやっぱり、国会対応でした。国会が当たれば、議員レク、答弁作成、国会への上司の出席への随行が始まる……これはいつも通りでした。(国会議員の中には、レクはオンラインでもいいという人もいました)。

ただ、答弁作成や国会待機はオンラインでできるので、それでもだいぶ楽になりました。職場でひたすら国会待機するより、家で用事を済ませながら待機できるので、気持ち的にとても楽です(ちなみにリモート中の残業代は出ていませんでした)。

もし長期リモートでも問題なく仕事ができるのであれば、昔、話題に出た「中央省庁の地方移転」論も再燃しそうですし、個人でも地方に住んで霞が関の人として働くことができるかもしれないな、と妄想します。

④検討会のユーチューブ配信

国で行ういろいろな検討会やヒアリングなどをオンラインで行えるようになると、メンバーが揃いやすいというメリットもあります。今まで、20人くらいの委員がいると、全員揃うことはなかなか難しかったのですが、オンラインでもリアルでもいいですよ～と言うと、ほぼ全員揃うことができます。

さらにオンライン検討会の良さは、検討会がオンライン配信できるところ！　国が行う検討会は透明性の確保もあり、「ホームページなどで傍聴希望の人は応募してきてね」という仕組みがありました。今はオンラインの検討会なので、「興味のある人はユーチューブのライブ配信を見てね」ということになっています。そうすることで、東京の人だけではなく全国で興味がある人は好きに見られますし、霞が関の人もどれくらいの視聴者がいるかリアルタイムでわかります。これはいい仕組みだなと思います。

ただ、検討会はユーチューブで見る人を意識して作っていないので、見ていてあまり面白いものではないと思います（オンライン視聴者はだいたい50人程度です）。せっかく誰でも見られるようになったので、聞こえない人も傍聴できるよう同時字幕をつけたり、ニコニコ動画みたいに多くの人が画面上に書き込めたりと、もっと参加型になったら面白いのになあ。これは国民の要望があればどんどん改善が進んでいくのでは、と期待しています。検討会が面白ければ、もっといろんな人が興味を持って聞いてくれるだろうし、今後のフロンティアになるんじゃないかと思います。

ちなみに、国が行う検討会や会議はそれぞれの省庁のホームページの「お知らせ」欄や「審議会予定」欄に掲載されます。一度、興味のある検討会の配信を聞いてみてはどうでしょうか？

Column2

まるで「プロジェクトX」の世界！伝説の役人の自叙伝

夜遅くまで、霞が関の人たちはいったいどんな仕事をしているんだろう？　と皆さん不思議に思っているのではないですか。今はインターネット社会になり、ツイッターやブログで個人の見解を書く人もちらほらいるので、少し垣間見ることはできるかと思いますが、守秘義務もあって仕事の詳しい内容をお話しするのはなかなか難しいです。

そんな中、実は昔の霞が関の人で、自らの人生を捧げた仕事について、赤裸々に個人名も挙げて超具体的に書かれた本があるのです。

その本の名前は、「私史環境行政」（橋本道夫著、朝日新聞出版、1988年刊行）。タイトルからして、ちょっと面白くなさそう……と引いてしまうかと思いますが、内容はまるで「半沢直樹」や「官僚たちの夏」級の、「プロジェクトX」のようなドラマチックな仕事自叙伝。とっても分厚い本で、専門用語も多いので、正直読むのに時間はかかりますが、霞が関の人になりたい人は必読の仕事バイブルです。霞が関の人の喜怒哀楽を感じてみたい人にもおすすめですが、絶版によりなかなか手に入らないため、本の内容を解説したいと思います。

著者の橋本道夫さんは、「伝説の医系技官」や「ミスター公害」と呼ばれ、戦前生まれの医師の資格を持った方です。終戦頃に大阪大学医学部を卒業後、10年ほど大阪府の保健所などに公衆衛生の医師として勤められたあと、厚生省に医者である官僚、いわゆる「医系技官」として入省されました（２００８年に83歳で逝去されました）。

橋本さんが厚生省に入省したときには、日本は高度経済成長期。第二次産業が花開いた反面、工場などから出る大気汚染や水質汚染などにより、人々の健康が害されているのではないか？　と言われ出していました。しかし、当時は「公害」という言葉もなく、目がチカチカし、息もするのが大変な大気汚染に対しても何の規制もありませんでした。経済成長が一番の国の方針だったときで、国も企業もイケイケです。それを規制するような方向で動く人は誰もいませんでした。

そんな中、橋本さんは厚生省に中堅の平役人として着任し、人生をかけてさまざまな「公害」の規制と被害者の救済措置に関する法律を作っていきます。さらに、「公害」対策をする省庁として「環境庁」が設立されることに貢献し、環境庁の局長になり、さらに環境庁退職後は環境と健康についての研究者として世界に情報を発信されました。

この本の面白いところは、当時橋本さんが仕事を通じて感じたこと、失敗したこと、反省していること、こうすべきだと思うこと、悔しかったこと、葛藤したことがすべて赤裸々に書かれているところです。

決しておごらず、「自分はこんなすごいことやったんや」みたいな自慢話は一切ありません。自分だけがやったみたいな手柄話もありません。仕事仲間を尊重し、素晴らしいと思った人たちに対しては個人名を出して褒め、逆に不誠実な対応や裏切りに対してもはっきりと名前を出して書かれています。しかも恨み辛みを書くのではなく、そのまんま、それにだまされた自分への自戒も含めて書かれているのです。

これを読めば、霞が関の人がどんな思いで、日々の仕事に真剣に向き合っているか、そしてどんな苦労や超えるべき壁があるのか。大々的で画期的な法案を作るために、いかに歳月がかかり、さまざまな科学的知見と、ステークホルダーとの駆け引きと調整、行政判断が必要なのかわかります。また、橋本道夫さんの「医師」という科学者の一人であるというアイデンティティと、「行政マン」としての政策判断をする役割との葛藤もわかります。

私たちが今、都会でもきれいな空気を吸って健康に生きていけている背景に、このような人たちの努力があったのだと、素直に感動しました。

機会があって、公害の訴訟をしていた原告団の長をしていた方と話をしたことがあります。そのとき、敵対関係になってもおかしくない相手である橋本道夫さんに対して、「あの人は誠実な人で信じられる。何度も局長室で話をした。できることはちゃんと対応してくれ、できないことはできないとはっきりと言う人だった」

と話されていました。利害関係者にそこまで言ってもらえる人間力のある役人は、どれくらいいるのでしょう。この本を読むと自分を律する気持ちになります。

霞が関の人や、仕事をされている多くの人に橋本さんの熱い気持ちや信念を知っていただき、その思いを引き継いでほしい。そして、霞が関の人のリアルな仕事を知ってもらうためにも、ドラマ化やドキュメンタリー化したらいいなと思います。

第3章

国会期間中の霞が関の人の働き方

国家公務員と政治の関わり方

長く険しい
国会答弁書完成までの道

答弁書の作成は終電との戦い

国会期間中は、先に紹介したように通常業務に加えて国会対応が追加されます。国会は自分の所属する省庁の委員会が衆議院、参議院両方にあるため、週に3回程度国会が当たる日があり、さらに他の委員会の流れ弾にも当たったりするのでほぼ毎日ドキドキです。国会議員の質問は基本的には2日前に通告するように、という約束事が一応あります（回答する側の準備時間を確保するため）。しかし実際は前日通告が多く、場合によっては前夜になっても通告が来ていないことも……。

今回はまあまあ良心的な、前日の営業時間午前中に国会の質問に当たった時の例をあげて、答弁書完成までの道のりを紹介します。

まず国会議員からの「質問要旨」という紙が国会連絡室からメールで送られます（ちなみにコロナ前まではＦＡＸで！）。質問内容がかなりピンポイントで絞られていたら、官房という取りまとめの課から担当の課に割り振られます。でも、この質問内容によっては厄介で、例えば「日本の少子化対策について」とザックリすぎやろ？　というような質問だと担当課が決められず、ありとあらゆる少子化に係る課が戦々恐々とします。そういう場合は、どこかの課が代表で国会議員に電話をして具体的な質問内容を聞いて問いを絞ってもらったうえで担当課を決めます。それでも決まらないと前半は○○課、後半は▲▲課といった形で分担します。国会答弁作成に当たってしまうと通常業務は閉店になってしまうので、できるだけ当たらないよう「割りモメ」という課同士の戦いが生まれてしまいます（血みどろの戦いの詳細は200ページ参照）。

さて、ようやく担当課が決まった頃には午前は終了間近。ここから、次に国会議員に「問取り」という質問の詳細を聞きに国会議員会館にチームを組んで向かいます。その際、担当者が別会議の予定があったりすると、国会対応がファーストプライオリティなので、会議はドタキャンかサブの担当者が対応したりなど、急いでチーム編成を組み直します。そして答弁作成者は、議員会館の議員部屋の前で問取りの順番待ちに行きます。この待ち時間が曲者で、長い時には1時間以上待つんですよね……。この間に他の仕事を片付けてしまいたい……と思いつつも、ひたすら待ちます（たまに他の課の知り合いがいると暇つぶしにいろいろ雑談できるので楽しい時もありますが）。ようやく問取りの順番が回ってくると、そこで議員と具体的な質問内容を固め、答弁者を誰にするか、さらに霞が関の人同士でメイン担当課を決めます。この時点で午後も半ばに差しかかっていることが多いです。

そこからは国会答弁作成道場の始まりです。大急ぎで職場に帰って作業を始めます。効率的に（できるだけ早く終わるよう）先に所属の課に電話をしておいて、職場に残っている人に準備してもらったりもします。書きやすい内容の質問だと答弁作成自体は結構あっさり終わるのですが、斜め上のよくわからない質問だと相当に手こずります。

完成したら、どんどん上の人に上げてスタンプラリーのように了承を取っていきます。大臣が答弁者の場合には、課長→局長→官房総務課→（予算絡みだと）財務省と上げていくのですが、財務省に辿り着く頃にはもう終電越え間近。上の人であればあるほど、さまざまな答弁のチェックがあるため、自分の答弁を見てもらうまでに何時間も待たないといけません。また、それぞれの人のこだわりやテイストがあり、答弁内容も右往左往します。ようやく財務省からのOKにたどり着いたらあとは答弁を印刷して、担当者は終了！　終電がない場合、タクシー帰りになります。

作成を終えてからがまた一難

しかし、これでまだ終わっていません！

まだ大臣に説明していないのです。それは早朝5時〜6時だったりもします。答弁作成者が説明しないといけない時には、睡眠時間はほぼ2〜3時間です。答弁作成者ではない管理職が朝に対応してくれる場合もあります。そうやって大臣に朝レクをし、そしてついに国会です。質問の時間前に、国会の陪席に局長と担当者が国会議事堂の委員会に向かいます。課内に残った人たちは、テレビで国会中継を観戦し、答弁が間違っていないか、質問予告通りの質問になっているかを確認します。陪席している担当者は、前日の議員との打ち合わせ通りに質問が来ないと、とても焦ります。非常事態のために、いろいろな資料を持参して、不規則発言にも対応できるよう準備します。緊張の国会質疑が終われば、ようやく国会対応終了……ですがここから通常業務の再開です……。

こうして一つの国会答弁で大体2日は消費しますし、睡眠不足も相まって体力の消耗が半端ないです。

霞が関に来たばかりの頃、同僚に素朴に、「どうせ答弁する人が最終で見るんだから、答弁チェックのスタンプラリーはなんであるんだろう？　答弁する人に直接に見てもらったら早いんじゃない？」と聞いたことがありました。

その同僚は、「上の人がそこまで細かいことは把握していないし、多方面からチェックする、ってことでしょうかね。（スタンプラリーを省くと）課長や関係者が知らないままになってしまうし（そんなもんだと思ってたよ。なんでこの人そんなこと聞くんだろ？）」的な反応でした。

答弁作成は本当に消耗するし、多大な時間がかかるので、質問をする議員の人には

- 他の人が聞いた内容と同じことを何度も聞くのはやめてほしい（時間の無駄なので）
- 質問は具体的に絞ってほしい（割りモメが大変なので漠然とした問題意識のまま質問しないで、絞り込むのは、正直自分でやってほしい）
- 2日前通告は守ってほしい！（睡眠時間がかかってるんで！）

と思います。

国会待機・厳重居所・登録待機……
私、定時で帰りたい

質問通告をひたすら待つ霞が関の人々

1月中旬になると、ついに始まる通常国会。多くの霞が関の人の心の悲鳴がSNS上でも叫ばれ、同業同士が慰め合っている悲しい幕開けです。

私も、明らかにイライラ・モヤモヤすることが増えています。

一番の原因が、「国会待機」。これに縛られ、翻弄される日々が150日間、つまり夏頃まで続きます。

では、国会待機とは何か。わかりやすく言いますと、

「明日の国会で、国会議員が自分の担当のことについて聞いてきたら、その回答シナリオを作らなくちゃいけないから、事前に来る議員からの質問が来るまで待っとけ（来る

かどうかもわからんけど）」

という上からの指示です。

国会中継で、国会議員が質問して、総理大臣や各省庁の大臣、官僚が受け答えしているところは見たことがありますよね。そのとき受け答えする人は、何らかの〝紙〟を読んでいます。

あれ、霞が関の人が作ってるんです。

そもそも、聞かれたことを答える人（大臣や、局長級の役職の霞が関の人）が自分で内容を理解していて、自分で答えられたら、下っ端霞が関の人のやることはないんです。でも、けっこう細かいことまで聞かれるし、間違ったことを言ったり、できもしないことを約束しちゃったら虚偽答弁になってしまってマズいので、下っ端の霞が関の人が答えるシナリオを作っています。

質問する国会議員は基本的には何を聞いてもいいので、その人が「〇〇の案件を聞きますよ～」と事前に言ってくれないと、霞が関の人（主に下っ端）は全員待ちます。それこそ何千人もの職員が、その一人の議員のために、家に帰れずひたすら待つ、ということになるのです。

ルール上は「質問する議員は議会の2日前には質問内容を知らせること」となっているので、そのルールに則って質問の通告をしてくれたら、国会のためだけに残業はしなくてもよくなります。

ただ、国会議員にとっては、質問通告は義務ではないので、親切でやってあげているとも言われています（でも、質問通告しないなら「しない」と事前に言ってくれたらいいのに！）。

現実は、ほとんど前日に質問通告があり、さらに退庁時刻を過ぎても通告してくれない国会議員がかなりいます。退庁時刻の18時15分になってもすべての議員から質問が出ていないと、省庁のとりまとめの課（官房総務課と言います）から、「国会待機（帰るな）」と省内全体にメールで流れます。

そうすると、今日の仕事が終わっていようが、飲み会の約束をしていようが、習いごとをしていようが、台風が来ていようが、子どもの誕生日であろうが、全員おうちに帰れません……（泣）。

これが、毎日のことなので、自分でタイムスケジュールを管理できないストレスと、どれだけ効率よく仕事をしても「待機」で無駄な時間を過ごさないといけないストレスで、精神的に消耗します。

待っている間も、全員が待機しているので、フツーに業務メールが来たり、会議をしたりするので、ひたすらエンドレスに日中の仕事が続きます。そして待つだけ待っても、質問に当たらないことがほとんどです（当たったら徹夜仕事になるのでそれはそれでイヤだけど）。

ちなみに、「厳重居所」「登録待機」は帰っていいよ、という指示です。最初は意味がわからず、「厳重に職場にいなくちゃいけないんだ、いつ帰れるんだ……」と思っていました。


霞が関の人にとって、霞が関の働き方で一番肉体的にも精神的にも負担になるのが、この「国会待機」です。

最近では、同情的なニュースもたまに流れます。2019年に、東京に大型の台風が来たときに、一人の議員が質問通告を出していなかったために、霞が関の人の多くが帰宅できない事件が起こりました。ツイッターで「さすがに今日は帰りたい」と霞が関の人のつぶやきが多く拡散され、「役人も国民の一人だし、これはかわいそう」「霞が関の働き方がひどい」という議論が巻き起こりました。通告が遅かった議員は「16時半には出した」と主張しましたが、もうこうなってくると、言った、言わない問題になってしまいます。結局、泥沼のち有耶無耶になりました。

そんなわけで、私が提案する霞が関の働き方改革。「ランチのフレックスタイムの導入」提言（132ページ参照）に続く第二弾！

「質問通告はFAXとメールではなく、関係者が閲覧可能の共通クラウドを作って、そこに議員側が質問を書き込む！」

メリットとしては、

- 一斉に閲覧可能になるので、FAX送信↓関係者メール↓担当メールというプロセスがなくなり、ロスタイムがない
- 何時に質問通告したか、ログで見える化できる
- このログを公表することで、通告の遅い議員をランキングし、どの議員がどれくらい霞が関の人たちに負荷をかけ、残業代という税金を浪費させているかわかる。ゆえに、健全な国会運営ができる
- 通告しない場合、「通告しないフラグ」を立ててもらえれば、無駄な待機時間を削減

できる

- どこにいても共通クラウドを見ることができれば、霞が関の人は省内に縛られなくて済む（その前に、答弁作成がすべて電子化される必要はあるけれど）

ちなみにこのように真夜中まで準備した答弁案が、当日聞かれないこと（空振りと呼ぶ）もあります。まさに無駄な時間。予告して空振った答弁案の作成に費やした、労働時間×時給でいかに税金を無駄にしているかも〝見える化〟してほしいです。

霞が関の働き方改革は、「国会待機」問題にメスを入れなければ進まない、というくらい連動しています。今回のテーマばかりは、ゆるく書けない、切迫した問題でした。

スポーツ観戦に例えると国会の仕組みがわかる

国会もルールがわかれば楽しくなる

「国会中継を見るのは面白いよー」
と言うと、大概の人から「どうして?」「どこが?」「どうやって楽しんだらいいの?」
と聞かれます。もちろん私も、この霞が関業界に来るまでは、国会や政治なんて全然興味がありませんでした。

今もそこまで詳しいほうではないけれど、国会の仕組みが大体わかってくると、国会中継を、野球やサッカー、ラグビー、レスリング、柔道、相撲を観戦するような感覚で見られるようになってきました。2019年にはラグビーワールドカップ開催で大ブームが巻き起こりましたが、それはルールがテレビなどで解説され、選手の個性やキャラクター、ポジションなどがわかったから、どんどんハマっていった人が多いんじゃないでしょうか。

国会も同じです。国会という試合のルールがわかり、選手（国会議員）のキャラクター（性格も含めた主義主張）やポジション（国会議員の中の重鎮度や役割）、戦い方（議論の仕方）が見えてくると、もうスポーツ観戦並みのライブ感があります。スポーツがあまり好きじゃない人にとっては、たとえばアイドルの選抜や推しメンのポジション争い、ポケモンやトレカの対戦と思うのもありかもしれません。

ということで、「国会ってどこが面白いの？」という人のために、私なりの国会の楽しい観戦方法を紹介したいと思います！

まずは、今回は国会の仕組みから。開幕シーズンはいつなのか、どういう試合構成なのかなどを、野球を例にざっくり解説したいと思います。

国会の開幕シーズンは長いです。主に二つのシーズン構成になっていて、「通常国会」と「臨時国会」があります。

通常国会は、1月初旬から約150日間、だいたい6月末頃まで続きます。主に次年度の予算の話や法律の話をします。臨時国会は大体10月か11月頃から、12月中旬まで。こちらでは、緊急のことや補正予算のことについて話します。

委員会が試合本番

次に国会開幕シーズン中に、どんな試合があるかについて。主に「本会議」「〇〇委員会」に分かれており、本会議は開会式、閉会式みたいな全員揃ってのセレモニー感があります。各球団（政党）から選手声明のようなものが読み上げられます（これを代表演説と言います）。

委員会が、試合本番です。

衆議院、参議院のそれぞれに、各省庁に紐づけされた常任委員会があります。文部科学省であれば文部科学委員会、経済産業省であれば経済産業委員会となります。ほかに、特別委員会といって、テーマごとに話し合われる委員会があります。

例えば、東日本大震災復興特別委員会や沖縄及び北方問題に関する特別委員会といったもの。常任委員会は衆議院で17、参議院で17あります（２０２２年秋時点）。特別委員会は、必要に応じて会期ごとに設けられます。

そこで、選手（国会議員）は、それぞれどこかのリーグ（委員会）に入り、各リーグのテーマについて話し合います。予算委員会は政府の予算すべてについてなので、テーマは何でもありです。予算に関係のない政治家のゴシップについても聞いてきたりします。「週刊文春でこんな記事が出ていますよ！　これは事実なんですかっ！」であったり、「セクシーとはどういう意味ですか？」であったり、「なぜ今それを聞く？」ということも多々ありますが、それはその議員の信頼を貶《おとし》めるという戦略のようです。一人につき持ち時間もきっちり決まっているので、どの質問をどれくらいの時間をかけるかは質問をする議員次第です。

一つのリーグに所属する選手は20～40人。選手の出番の回数は、人数の多い政党は多めに出番があるようです。スポーツ観戦の醍醐味は、何と言っても選手の個性あふれるプレー。次項では、選手のキャラについて解説します。

国会シーズン
シーズン1 冬〜初夏
シーズン2 秋
衆
リーグ1 □□委員会
リーグ2 □△委員会
リーグ3 □□委員会
リーグ26 ×△委員会
参
リーグ1 ××委員会
リーグ2 □×委員会
リーグ3 △△委員会
リーグ25 △×委員会

選手（国会議員）のキャラを知ることが大事

まずは選手名鑑の熟読から

試合自体の面白さでスポーツにハマる人もいますが、選手のキャラクターやスペックを知り、ファンになることで夢中になる人も多いのでは。

国会というスポーツも同じで、選手（国会議員）のキャラクターを知ることで、より面白く観戦できるようになると思います。

では、どうやったらその選手の人となりや得意技、強さなどを知ることができるのか。

実は、いい選手名鑑があるんです。

その名は「政官要覧」（政官要覧社）！　霞が関の課内に常に数冊ある、霞が関の人にとっての必読書。国会議員レクに行くときにも必ず読んでいきます。

この本は市販されており、衆参国会議員713名の政治家人物像や官庁幹部職員約5600名の人事データなど、政界・官界人事情報をまとめた1冊です。国会議員の紹介ページでは、出身地や経歴、当選回数などの基本情報、政治信条、座右の銘、趣味なども記載。議員の人となりを見ることができます。

まず注目すべきは政党。与党なのか野党なのか。与党だと国会の質問は仲間内になるので、基本的に褒め路線、野党だと政府が敵になるので、質問は攻撃的・批判的なものになりがちです。

当選回数は、議員の中での地位や強さにつながります。入っている委員会は所属リーグのこと。経歴は、世襲議員なのか、官僚出身なのか、どんな経験をしてきたのかがわかります。プロフィール欄に「父は元衆議院議員○○氏。通産事務次官を務めた△△

【記載内容の見方】

写真	氏　名（ふりがな）　血液型
	党派　選挙区　当選回数
	現職　委員会　政歴
	秘書　政策　第1　第2
	経歴　生年月日　出身地　最終学歴　経歴
	プロフィール

Ⓗホームページ　アドレス　ⒺEメールアドレス
秘書　議員宿舎
　　　地元事務所
議員会館

氏は叔父にあたる」なんて書いてあれば、「おお！　サラブレッド！」となります。「世襲批判を受け無所属で出馬し惨敗。その後雪辱を果たした」など、いろいろあったんだろうなあという思わされる経緯なども載っています。ほかに、家族構成や座右の銘、ユニークな趣味などから、キャラクターが垣間見えます。そして、これは完全に偏見ですが、秘書欄が空欄だとしょっちゅう秘書が辞める＝ブラック事務所なのかな、と思ってしまうことも……。

こうして基本的な情報を把握したら、次にその人が今どんなことに興味を持っているのか、どんな思想、主義主張なのかを知るために、選手のホームページやツイッターを見ます。ここで、かなりキャラクターがわかります。

そして裏ワザ（!?）として、名前検索するときに、「議員の名前」の次にスペースを押すと、連動して下に検索候補が出ます。例えば、「小泉進次郎　スペース」とすると、「名言」「ブログ」「ステーキ」「ポエム」などが出てきます（２０２０年時点）。なかなか辛辣なネガティブワードが候補に出てくるものですが、「セクハラ」「パワハラ」などが出てきて過去の不祥事が出てくる議員もいて、そのときはレクに行く際に、少し緊張します。

選手は、応援してくれる地元を大事にしているので、議員会館の事務所の中も地元のグッズやポスターがいっぱいあります。たまに自分のポスターばかり貼っている自分好きそうな人もいて、個性があふれています。

そんなわけで、あれこれ調べてから実際の国会質疑を見ることで、自分の推し選手ができるかも!? もし推しができた暁には、国会議事堂の売店に行ってみてください。なんと国会議員のイラストの入ったハンカチや湯飲みなど、グッズが売ってあるのです！議員の似顔絵入りのハンカチタオルを持っていたら、ネタとして面白いです。

ちなみに私はレクで話をして、「冷静で頭が良く、丁寧に話をしてくれて偉そうにしない」人は素敵だなと思います。直接に選手と話ができるのは、霞が関の人をやっていて面白いところかもしれませんね。

大臣は花形ピッチャー

一方、国会議員にとっての対戦相手（政府側）は、省庁に紐づけられた常任委員会であれば、基本的にそこの省庁の大臣になります。ただ、予算委員会や特別委員会のような一つの省庁だけで収まりきらない幅広い案件は、複数の大臣や、場合によっては総理大臣が対戦相手です。

政府側は、大臣だけでなく、副大臣や官僚も登場して答えます。官僚は基本的には、数字とか事業内容とかファクトに関すること、守りの堅い守備みたいな役割です。政治家である大臣は「やります！」「こう思ってます！」といった決意表明や考えを言うので、花形ピッチャーみたいなものかなと思います。

そして、委員会ではどんな話をしているのでしょう。

常任委員会であれば、まずはその省庁が担当するテーマについて。各国会議員が、「これはどうなってんの？　もうちょっとやらないとダメでしょう」とぐいぐい聞いてきたり、「こういうのをやってよ」と要望をしていきます。それに対して政府側が「〇〇については、検討してまいりたい」「しっかりと進めてまいりたい」「まずは研究を進めてまいりたい」など、どう思っているか回答します。

大きな目玉は「法案審議」。法律の案を国会で審議することです。法律改正もあれば、新しい法律を作ることもあるのですが、与野党の意見が違うとバチバチにやり合うことが多いです。それぞれの政党の考え方も見えて興味深い……。法律を通す、通さないの

攻防戦も激しく、見ごたえがあります。

国会の議論でテレビ放送されるのは、法案審議などの目玉の国会質疑や、何でもありの予算委員会が多いです。目立たない委員会はテレビでは放送されず、衆・参議院のホームページにあるインターネット審議中継などで見られます（アーカイブもあります）。委員会は笑いやほっこりする場面もあって、選手の人間性の味わい深さを楽しめます。

でもまずは、選手がバリバリに気合いが入っているテレビ放送がおすすめ！　スポーツ観戦だと思って、緊迫したライブ感を味わってみてください。

携帯を鳴らしたらサヨウナラ

国会に持ち込み禁止の理由は？

最初の国会随行デビュー戦のとき、同僚から、

「国会心得の一番大事なこととして、携帯鳴らしたら処分ものだからね。電源も切っておいたほうがいい」

と神妙に言われました。

ただ後ろで控えている役割だったのですが、鳴らすとそれはもう恐ろしいことが起こるらしい……。まずは、国会の審議が止まり、携帯を鳴らしたのが役人の、それも末端の人間であれば、その後大変なお叱りを受けるらしい。上司が陳謝しに行き、さらに鳴らした本人は飛ばされる……という。真偽のほどはわかりませんが、どうやら携帯電話の使用禁止は20年以上前に決まっているらしいです。

●●●●● 他にもある持ち込み禁止なモノ

携帯鳴らすのがダメなのは、理由も含めよくわかるのですが、不思議なのは「マイボトルコーヒー」持ち込み禁止問題です。２０１９年末に、小泉進次郎大臣が衆院環境委員会にマイボトル入りのコーヒーを持参し、「怒られた」と告白したのが話題になりました。どうやら飲み物の持ち込みには、委員会理事の許可がいるそうで、過去に認められたのは白湯だけだったとか。

国会の中で飲める飲み物は決まっており、基本「ガラスのコップに入れた水」のみ！なんです。しかも水道水のみらしい。定期的に、国会議員にはスーツを着た職員さん(?)が仰々しくコップに水を入れている姿を見かけます。しかし例外があって、農林水産委員会だけは「冷たい牛乳」が飲めるらしいです。高齢の議員も多いし、あったかい緑茶でも出して、ほっこりしてほしいもんです。お菓子など食べるモグモグタイムもないのはつらいでしょうね……。

そのほか、持ち込んではいけないと聞いたのが、「傘」「松葉杖」。一度、雨の日に傘を持って行ってしまい、警備員さんに注意されてしまいました。同僚に、コーヒーボトル、傘、松葉杖がダメな理由を聞いたところ、返ってきた答えは、

「武器になるから……らしいよ」

ええと、あれですかね。議論が白熱しちゃって、「ウオリャ！」って熱いコーヒーをぶちまけたり、「エイヤ！」って松葉杖を槍投げみたいに投げたりすることを想定しているのかな。

ちょっと想像してしまうと、それこそプロレスの場外乱闘みたい。

そんな国会はイヤだ。

国会答弁で何を伝えようとしているかわかるワザ

前向きにやる、やらないの違いを知ろう

国会観戦の醍醐味の一つは、自分たちの生活に直接影響してくるかもしれないことが話し合われているところです。まさに他人ごとではなく、自分ごと！

でも、国会でのバトルって——。結局何言ってるかよくわからないし、答えも曖昧で、結論言わないで濁すよね～というイメージを持っていませんか？

実は、ちゃんと結論言ってるんです。そして、聞かれたことは基本答えてます。

ただ、答弁のお作法を知っていないと、じゃあどうすんねん！　何が言いたいねん！とツッコミ入れたくなるくらいわかりにくく、日常用語とニュアンスが違います。

ということで、今回は、霞が関の人になって数年の若輩ですが、一つの大きな法案審

議の経験を踏まえて、答弁の書き方講座、ひるがえって、答弁の内容からのメッセージの読み解き方講座をしたいと思います。

まずは、国会議員からの質問に誰が答えるかで答弁の書き方が違います。

①総理大臣：最終の意思決定権者
②大臣、副大臣、政務官など（閣僚）：その議題の意思決定権者
③官僚（局長級。実質の事務方ナンバー2）：実務担当

①②については、細かい数字や細かい政策の中身の説明は省きます。その質問に対して、どう認識していて、どうしていくか、というザックリとした方向性がメイン。偉くなるほど、答えは詳細なことは言わず、ざっくり大局を説明するようなものになります。

③については、政策の詳しい内容、数字、その事業の意義、たまに方針を答える答弁を書きます。

大臣と官僚の役割分担として、大臣や閣僚はピッチャー、官僚は守備なので、役割分担をイメージして作成します。大臣が細か〜い数字を答えていたら、「担当の係員しかわからないようなこと、なんで知ってるの？」という違和感にもなります（その数字が

とっても重要な意思決定に係る数字なら、大臣も答えます）。

かつての国会答弁は、官僚が意思決定、政策の方針も答えることが多かったようですが、政治主導の政策立案という立てつけになってきて、官僚が大きな意思決定について答える機会は少なくなったようです。

では、私が習った答弁書き方のコツをご紹介します。質問が「○○について政府としての考えは？」だったとしましょう。

【答弁序盤】 質問が曖昧だったり、正式な用語と違ったり、いろんな解釈ができるものだったりすることがあるため、「あなたの質問に対して、私はこう質問されていると解釈しましたよ」という、正式な用語に置き換えたり、言葉の定義をしたりします。こちらの認識を書くこともあります。

例：「○○については、○○の○○と認識しております」「○○については、○○と承知しております」

【中盤】 聞いているほかの人にもわかるように、政策の内容や、どういう法律に基づいて行っているかを簡単に解説。官僚が答える質問であれば、細かく、どういうことをやっているか、数字はどうだ、と説明していきます。ファクト多め。

例：「○○は○○を目的として、○○に基づき、～や～、～などの取り組みを行っています。○○年には○件、○○年には○○件」「○○と現在、○○しているところです」

【終盤】ここがフィニッシュ！　結論です。ここでどのような表現を使うかによって伝わるメッセージは大きく異なります。

例：「いずれにしろ、政府としては、○○してまいりたい」

「○○について、○○等を考慮しながら検討してまいりたい」

「○○は重要と考えますので、今後も引き続き取り組んでまいります」

「政府としては、慎重な議論が必要であると考えます」

「政府としては、○○の意見があることは承知している。引き続き議論を注視してまいりたい」

「政府としては、○○ということが重要であると考えます」

「○○であるという意見があることは承知しております」


これらの違いのニュアンス、わかりますか？　なんと、質問に対して、前半3つが「前向きにやる」と言っていて、後半4つが「やる気はないです」と言っています。

日本的美学なのか、はっきり「イエス」「ノー」を言うことは滅多にありません。「そんなの必要ありません」「あなたの言っていること意味不明なので、よくわかんないけど、それ、やる意味ないからやりません」「それいいっすね。絶対それやりますわ〜」という白黒はっきりした答弁は聞いたことがないですね。

でも、「してまいりたい」「検討してまいりたい」まで言っている答弁は、イコール日常語では「やります」くらい、確実に前向きな回答です。

「検討、検討ばかり言って、検討しているだけでやらないよね〜」

と、他業種の友人から言われるのですが、たぶん、その先の結果までフォローしていないからそう思うのだと思います。時間がかかっても、「検討する」と言ったことは、ちゃんとどこかで検討の場を作っていて（その合意形成の中で少しトーンが落ちることはあっても）、基本的に「やる」という方向で動きます。

国会答弁の書き方は論文の抄録（抜き書き）を書くのと似ているので、論文の定型フレームである、

（背景）＝答弁の場合は政策の背景、言葉の定義
（研究の目的）＝答弁の場合は政策の目的
（結果）＝答弁の場合はどんな事業をしているかその数字

（結論と提言）＝答弁の場合は結論と今後の方針と、置き換えられます。

ポイントはラストにある！

どの業界にもプレゼン資料はあると思いますが、その構成と置き換えて考えると、あなたも明日から国会答弁が書けます！

とにもかくにも、重要なのは最後です！　最後にどう言っているのか、ちょっとニュアンスがわかりにくいですが、「検討します」まで答えていたら、質問した国会議員にとっては「ひゃっほ〜い！」っていうくらいヒット飛ばした感じでしょう（厳密には、与党と野党でうれしさは違い、与党は仲間なので「ですよね。知ってます」程度の気持ちかもしれません）。

ということで、覚えておいていただきたいのは、

- **何が言いたいかは、最後に言っている**
- **「検討したい」は確固たる前向きメッセージなり**

です。国会を観戦したときに、あ～なるほどね～と意図をくみ取ってもらえるとうれしいです。法案審議になると、何週間、何か月もの間（私が経験したのは約3か月）、ひたすら深夜まで答弁を書き続ける毎日になるので、日常会話がおかしくなっていきます。

「〇〇どうする?」を「〇〇について、如何?（「いかん」と読む霞が関用語）」と言ってみたり、「〇〇って何?」を「〇〇について、承知していないが、▲▲についてては……」と小難しく答えたり、とちょっとしたナチュラルハイ状態。もうできれば二度と経験したくない、国会答弁スパルタ塾な毎日でした。

※書き方は私の経験から得たものなので、省庁によって書き方も若干違うでしょう。最終は答弁をする人と相談して内容を決めるので、大臣によってカラーが出ると思います。

国会議員の本音を読み取る！

思想チェックから見える!? この国の未来

国会って見どころがわかりにくいですよね。何が面白ポイントなのか、どこに注目してみたらいいのかホントわかりにくい。当事者なのにモヤモヤするところです。

霞が関の人がほぼ徹夜で書き上げる答弁のメッセージを、政府に質問をしてくる国会議員がどういう思想を持って聞いてくるのかを、もっとわかりやすく、世の中の人に伝わったらいいのになあ、と平坦なやり取りを見ていて思ってしまいます。

テレビで取り上げられるのは、不祥事などわかりやすいこと。もっと私たちの生活に直結してくる、例えば、社会保障はどういうところに重点を置くべきなのかといったコアになる考え方や方向性を政治家がどう考えているのか。それらがメディアを通じては

あまり伝わってこないのが、もどかしいです。

とくに「与党」である自民党、公明党の考え方は、潜在的に政策に反映されているので、野党が反対でもしない限り、ハッキリと意識させられる機会は少ないです。

国会の質疑は「与党からの質問」と「野党からの質問」があり、野党からの質問は、「これはどうなってるんですか！」「総理！　ちゃんと答えてくださいよ！」と大声を上げながら叱責する、テレビ映えするパフォーマンスがあるのですが、与党からの質問は、「大臣、いつも頑張ってくれてありがとう。この政策とってもいいと思って、応援してます」みたいな応援質問が大半。政党の意見ではなく国会議員個人として、ネットは一体どう思ってんのさ！　という本音は、国会中継でも読み取るのは難しいと思います。

霞が関の人は、国会前日に国会の「問取り」という、国会議員の質問を聞きに行く仕事があります。次の日の国会で、国会議員が質問をする内容を事前に教えてもらい、その場で答えられることは答えつつ、次の日こういう質問をする、という内容を聞き取り、その意図を理解し、次の日までに答弁の準備をするというものです。

そのときには、ほぼマンツーマンで相手の話を聞き、そのあと、質問に対する答弁（答え）も書かないといけないので、一生懸命思想チェックしないといけません。

「これはどうなの?」と聞かれることに、議員本人は賛成なのか、反対なのか。政党として賛成なのか、反対なのか、「明示的に」聞くことになります。

そして、そういう政党としての思想に触れると、「うわ〜。戦後と変わらない、昭和バブルイズベスト思想が根強いんだなあ」とか、「意外とこの政党はリベラルなんだなあ」「こことここ、矛盾してない?」といったことが見えたりもします。

「女性は結婚して、子どもを産むのが正解。そうじゃない人は生産性が……」といった極端な思想に触れると、「ああ! 日本ってなんて生きづらいんだ!」という思想に陥ってしまいます。

政策立案を通じて、政党の考え方、国会議員の考え方などを聞いていると、自分が無意識に当たり前だと思っていたことも、これは考えるべき論点なんだ、と気づかされます。国としてどういう方向性に進もうとしているのか、将来どういうことが起こり得るのかなどが見えてきます。

そういうセンシティブで政党内でも意見が分かれるような話は、国会の質疑応答でもはっきりした形でやりとりはされにくいように思います。値段はどうするのかだとか、いつまでにするのかだとか、失言や不祥事などのわかりやすい話ばかりメディアでもフォーカスされます。本当に大事な「この国の考え方」「将来のこの国のカタチ」はこれで本当にいいのか、といった根幹になるようなことが政策にはさりげなく含まれているので、それをちゃんと表舞台で議論をして、メディアも取り上げてほしいなと思います。

もっと議論で見ごたえのある場を

２０１９年にイギリスの国会がブレグジットを巡って白熱した議論をしていた風景が注目されていましたが、歴史あるイギリスの国会は見ごたえがあります。民主主義の議論を面白く見せる演出がてんこ盛りです。与党と野党が右と左に分かれているのでわかりやすく、表舞台で自分の意見を（もちろん紙を読まず）はっきりと伝えて議論をするのでとっても明瞭。しかもちゃんと礼節を保った言い方は守るので、とても紳士的でウィットに富み、イギリスらしい良さがあります。野党が与党議員の意見を絶賛するという場面も見ることがあります。

さすがに日本でいきなりここまでの見ごたえのある国会を作ることは難しいと思いますが、枝葉の話ではなく、芯を食った根幹につながる議論をして、それをはっきりとわかる形で「これが論点なんだよ！　この議員やこの政党はこういう考えなんだよ！」と見える化して、カードゲームのキャラ一覧のように、○○議員は「○○について賛成、▲▲について○○という考え。以前は○○と言っていたが、○○年から○○という思想に変換」と一覧にしてくれたらいいのになあ、と思います。政府要覧（168ページ参照）にぜひ政治思想も入れてほしい。国会中に、わかりやすく、議論の基礎知識などもテロップに載ったり。副音声で、野球の解説みたいに国会解説があってもいいなと思います。

「○○議員、こうきましたかー。△△のことをずっと疑問視していましたからね。さあ、大臣はどう答えるか。……なんと、イエスです！」

こんな中継、誰かしてくれないかなぁ。

国会の目玉 法案審議での役回り

法案を提出しても先は長い!?

国会における一番大変な大目玉といえば、法案審議。最後のテーマは、法律を作って通すまでについてお話ししたいと思います。ちなみに私が経験した法案審議は3つだけなので、私の経験がすべての法案審議に共通するかどうかわからない点はご注意ください。

「法案（法律の案＝まだ通っていない法律）」には2種類あります。一つは「閣法」、もう一つは「議員立法」というものです。

「閣法」は、内閣が作って提出する法律、つまり今の政府が作っている法律のことです。

実際は霞が関の人が「タコ部屋」という部屋で、昼夜関係なく作った汗と涙の結晶です。

具体的な事象について、ほかの法律との整合性や調整などもした上で作られる緻密なものです。

余談ですが、霞が関には「一つの法案ができるために一人は犠牲者が出る」とまことしやかに噂されています。つまり、霞が関のタコ部屋の人はメンタルなり体がやられてしまうというもの……。たしかに、私の関わった法案も何名も犠牲者が出ましたし、私自身も難聴・耳鳴り持ちになりました。私が経験した法案審議は、全部通るまで約3か月かかりました（おそらくこれは長いほうです）。

もう一つの「議員立法」は、国会議員が作って提出する法律で、基本的に閣僚ではない国会議員の集まり（たいてい議員連盟）が作る法律です。具体的な内容はあまり書かれていない「プログラム法」と言われるものが多いようです。理念や目的などは書かれているのですが、具体的な話は「基本計画を作ってそこで策定する」と書かれていることが多く、結局、法案が通ったら、霞が関の人が専門家を集めて検討会などを開いて「基本計画」で具体的な内容を詰めていくことになります。

国会中継の法案審議を見て、これは閣法、議員立法どっちなんだろう？　とわからないときに、見分ける方法があります。それは、国会質問に答えるのは誰か、です。

閣法は、政府が作ったので答弁者は「大臣、副大臣、政務官、官僚」、議員立法は議員が作ったので答弁者は、基本的には「国会議員」になります。閣法は「政府VS国会議員」、議員立法は「国会議員VS国会議員」です。

多くの法律は閣法で、議員立法は審議されることも少ないため、ここでは閣法について主に解説したいと思います。

まず、霞が関の人がタコ部屋で法律案を練りに練ったあとに、与党に協議をかけて、与党がOKを出して初めて国会に法案を提出できます。

一つめの攻防戦は、与党との調整です。これはエライ人たちでやりとりされているので、ヒラには何が行われているのかまったくわかりません。

何とかかんとか与党からのOKが出たら、やっと国会に法案を提出できます。法案を提出できたら、審議できる（試合ができる）！　と思ったらところがどっこい、今度は与党と野党の攻防戦の始まりです。こうして法案審議を始める（審議入りする）ことを霞が関用語で「つるしをおろす」（218ページ参照）と言います。つるしとは、野党が法案を人質にとって、審議入りさせない状態です。

というわけで、審議したい法案を与党に認めてもらって看板にかけて、野党が「ほなこれやろか」と納得したものが審議入り（試合のゴングが鳴る）します。

一つ目の攻防戦は「どれを審議するのかの駆け引き」。これは政治家同士のやり取りなので、霞が関の人は何が起こっているのかわかりません。その間、霞が関のタコ部屋にいる人たちは、国会担当の霞が関の人から「つるしがおりそうだぞ〜」「いや、やっぱなしになった」というオオカミ少年状態の連絡を何度も受け、ピリピリした感じがずっと続きます。

ボイコットあり、乱闘ありの国会バトル

そして、つるしがおりると、やっと試合の開始です！

たいていは衆議院から試合が始まって、そのあと参議院での試合。どちらも試合が終わったら法案成立です！ この衆・参両試合を勝ち抜くにも忍耐がいるのに加えて、タイムリミットがあります。国会が開いている間に全部の審議が終わらないと、出した法案は「廃案！」になってしまうのです。せっかく途中まで審議していても、最後まで走り抜けないとまたゼロからやり直しなので、何が何でも通したい！ というのが与党、

法案成立を阻止するぞ！　というのが野党です。攻める政府、阻止しようとする野党の戦いですね。

法案審議中にどういう攻防戦があるかというと、審議する「委員会」を開くか開かないかの攻防戦です。野党が国会をボイコットする、という事件がたまにニュースになりますが、そもそも「委員会」を開くことを拒否されると、試合ができません。それを「国会が寝る」（219ページ参照）といいます。

これも政治家同士の攻防戦なので、霞が関の人はタッチしないところなのですが、この攻防戦は「理事懇談会」という与野党のボス同士の話し合いで決まります。駆け引きがあるようで、前日まで明日の国会が審議されるかどうかわからないことも多く、霞が関の人はひたすら「待機」させられます。

さらに、国会の法案審議は普通の国会質疑と違って、「集中審議」という形で審議します。これは、一つの法案の案件について、1日に何時間も試合するんです。それが何日もあります。いつ終わるのかもわかりません。審議し尽したら終了らしいのですが、どういう状態になったら審議し尽したのかがイマイチ「?」です。

法案審議中は、何十人もの国会議員が何十問も質問してくるので、1日で100問以上の質問の集中砲火です。それを1日で全部質問に対する答弁を作成するので、「答弁作成道場」いや「答弁大量生産工場」です。ひたすら真夜中から朝方まで答弁を書き続けます。

そして、朝になってフラフラの状態で、鬼殺隊の柱（局長）や大臣と鬼（国会議員）の闘いを観戦します。観戦中、こっちも必死で徹夜して作った答弁なので、ちゃんと質問をしてくれないと（質疑持ち時間の時間切れで国会議員が聞いてこないことがあります）大ブーイングです。ノリは完全に野球観戦状態です。鬼殺隊の柱が臨機応変に答弁してくれたら、「おお〜」という歓声もあがります。

人数だけで言えば与党が勝ってしまうのですが、国会の質疑をしながら、野党はどれだけ自分たちの案をそこに盛り込めるかの駆け引きを裏で進めています。「付帯決議」という野党からの提案を飲んで、法律案につけ加えるという与野党の落としどころを見つけることもあります。

法案審議を何日も続けてどうやら今日で審議が終わるらしいという日が来ると、最後の委員会でまた与野党の攻防戦が始まります。

最後、採決！　というときに、よく乱闘が起こる場面がありますよね。あれは、多数決をすれば与党の数が当然多いので採択され、最後に委員会の委員長が採決の宣言を読み上げる際、それを読ませないよう阻止しようとする野党が取り囲むという構図です。委員長が読む原稿を取り上げて読ませないようにしようと掴みかかる野党。国会は野球かと思ったら最後は肉弾戦のレスリングになるという……（万が一原稿をとられたときに大丈夫なように、どこかに代わりの紙を忍ばせていると聞いたことがあります）。これは、まだ納得していないぞ！　という野党のパフォーマンス要素も大きいようです。

ちなみに最後のドタバタで危ない目に合わないように、念のため鬼殺隊の柱（霞が関の局長）は、さりげなくガタイのいい部下を随行に連れていっていました。さすが修羅場の経験者……。委員長も破れてもいいような服を着て行ったりするようで、みんなで壮大なコントをやっているように見えてきます。

さらには、牛歩戦術なる戦法もあります。本会議の採決で、国会の時間切れを狙ってやるものですが、現実的に牛歩戦術で時間切れにさせるには国会が閉会するまで何日も牛歩しなくてはいけないから、この戦法でうまくいったことはないようです。これも一つのパフォーマンス。ちなみに牛歩中に誰かがトイレに立って外に出てしまうと、その議員の票は無効になるらしいです。アナログ戦法ですね……。

・・・・・テレビの前で万歳三唱!?

法案審議の流れをおさらいしてみると、衆議院で本会議（試合開始の合図）→委員会（試合）→本会議（儀式みたいなもの）、参議院で本会議（試合開始の合図）→委員会（試合）→本会議（儀式）でお経読み（法律の読み上げ）、試合終了～！

となります。

テレビでは決して映ることはないけれど、霞が関の職場でも皆でテレビの前で「やった～～～!!!　終わった～～～～!!!」で万歳です。まあ、もうボロボロでそんな気力もなく突っ伏すという感じでもありますが。国会答弁生産工場はこれにて解体です。

法案審議中は気が立っているのでみんな頑張って勤務していますが、法案が通った途端、体にガタが来て、ぎっくり腰を発症する人や、病気になる人が続出。私も風邪をひいて1か月咳が止まらず、免疫力ガタ落ちしました。私が経験した法案は2本同時だったのもあって、審議が始まって終わるまで約3カ月間続きました。できることなら、もう経験したくないです……。

【私の経験した法案審議の退庁時間】

※朝は当然9時半出勤。朝の7時位に出勤の日もありました。

1週目	毎日 深夜12時〜深夜4時退庁	
2週目	週に2回ほど 深夜2時退庁	この辺りから理性が働かなくなり、常に関西弁になる
3週目	毎日 深夜2時〜5時退庁	ここで難聴と耳鳴り発症。病院通いしながら残業続ける
4週目	週に2回ほど 深夜2時、深夜6時退庁	
5週目	この週は夜8時〜9時半退庁（比較的人間らしい生活）	飲み会でピータンばかり食べるという奇行が見られる（友人目撃談。私は覚えていない）
6週目	この週も夜7時頃退庁（人間らしい生活）	
7週目	週2回深夜10時半、深夜12時退庁	
8週目	だいたい 夜8〜9時退庁（比較的人間らしい生活）	
9週目	週に2回ほど 深夜12時、深夜5時退庁	
10週目	週に3回ほど 深夜12時、深夜2時、深夜（いや朝か）7時退庁	
11週目	週に2回ほど 夜11時半、夜11時退庁	ここで法案通って終了!!! しばらくして風邪＋咳。夏なのに咳止まらず喘息みたいになり病院通い。

定額働かせホーダイな霞が関。この間の残業代は、時給換算で最低賃金以下……！　給与明細を配る係の人にグチを言ってみたら、「予算が限られているのでご了承ください」と淡々としたお返事が。

霞が関の人は、今日もこうして、働いています。

第4章

謎の霞が関用語とは

国家公務員の業界用語

割りモメ、デマケ
～仁義なき戦い～

霞が関で勃発する大人のバトル

霞が関の人の仁義なき戦いを表す用語、「割りモメ」「デマケ」。本当にいやな気分になる仕事です。これをうまく戦える人は、同じ部署の人から感謝されやすく、一緒に仕事する他部署の人には嫌われやすいです。

「割りモメ」は、「割り（担当）がもめる（決まらない、押しつけ合う）」こと。「デマケ」は「デマケーション」の略語です。本来の意味は「境界・区分」ですが、霞が関では「業務分担、担当部局の割り振り」といった意味で使われます。

これらのワードが使われる一番やっかいなときが、国会質問が当たったときです。ほかには、日常的な依頼、国が出す文書の役割分担、陳情にどこの部署が担当するかを決めるときに使われます。

では、国会質問が当たったときを例に挙げてみます。

国会議員から事前の質問通告で、「○○について、昨今○○である。○○、△△、××についての見解は？」と聞かれたとします。

そうすると、詳細は省きますが、とりまとめの課（官房総務課が多いです）が、「○○についてはA省、△△についてはB省、××についてはC省だよね、それぞれ答えてね」と答弁の「割り振り（役割分担）」をして、各担当部署に質問状が送られます。

それに対して、担当部署が「そうだね。うちの担当だね」となれば、スムーズにことが運びます。

しかし、たまに、というかしょっちゅう、「いや、これは○○と書いてあるが、議員は□□という意味で言っていると思うので、うちじゃない。D庁に振り直してくれ」という場合があるんです。

これを受けたD庁が「たしかにうちの担当だね～」となれば円満解決なのですが、ほとんどの場合、「は？　何言ってくれちゃってんの？」となるので、もうそこで合戦の火ぶたが切られます。

明らかに「こじつけの押しつけやん！」という場合と、「基準を考えているのは○○省、でも予算をとって実行しているのは□□庁」といったキッチリと分けられないような案件もあるので、この線引きはなかなか曖昧。担当の考え方次第なところがあるので、争いが起きやすいんです。

もちろん、法律などでしっかりと役割が明記されているような仕事はもめることはほとんどありません。でも、細かい日常業務は「どっちの解釈でも読める」「どっちにも明記していない」みたいな中途半端なものがあり、それがもめごとの原因になります。

そんなわけで、「お前の担当だろ」「いや、お前んとこだ」と争うのが、「割りモメ」です。

そして「デマケ」は、とりまとめの課に「デマケ（役割分担）をしっかりしてくれ！」と担当部署からクレームをつけたりするときに使われます。

とりまとめの課がお互いの言い分を聞いて、「はいA省」と決めてくれたら余計な争いはないのですが、「これはお互いの担当部署で話し合って結果だけ教えて」みたいな采配をしちゃうと、飽くなき戦いに突入します。

まず、お互いの担当部署の一人が代表選手として登録され（窓口登録と言います）、そこで合戦開始です。代表選手は、部内の期待を背中で受け止め、相手へ電話をかけます。そこから合戦開始です。合戦の合図のホラ貝が聞こえそうです。

この「割りモメ」、いい大人が本気でケンカします。

もちろん基本的には電話越しなので、胸ぐらつかんで殴り合う、なんてことはないのですが、「いかにうちの部署じゃなくてお宅の部署が担当か」について、「法的根拠」「過去の答弁」などあらゆる資料を出してきて、大議論バトルをするのです。ひどいときは何十分も……。

このときには、日頃から仲良くしている仕事相手に対しても本気で潰しにかからないといけないので、本心としては非常にやりにくいし、心苦しいです。

でも、それでもやらないといけないのは大きな理由があります。

霞が関業界のデマケ、割りモメに「お互いさま」「支え合い」の方法が通用しないからです。普通の社会だと、「今回はこちらがやりますんで、次回はよろしく」とか、「前回お世話になったからなあ。今回はうちが汗水流すか」というお互いさま精神がありますす。

しかし、これを霞が関のデマケでやってしまうと、「1回引き受けた仕事は未来永劫、その部署が担当となる」というルールがあるので、自分がその部署から異動しても、次の赴任してきた人もその次もその仕事を引き受けなければいけなくなってしまいます。そうなれば、「自分の代で後任に負の遺産を遺したくない」という心理も働き、割りモメバトルがヒートアップします。

割モメバトルを得意とする人は、口が達者で、理論武装と論破が好きで、電話口で人がしゃべっているのにお構いなしにかぶせて話してきたり、上から目線で話をしてきたりするのでかなり不快な気分になります。ふだんの仕事だったら、お互いのちょうど良いところを調整していくのが役所の仕事の仕方ですが、割りモメはゼロ・イチなので容赦がないです。

ゴリゴリに詰めてくる相手だった場合、私の奥の手は、ザ・関西弁です（関西出身なんです）。話をさえぎるなど、「ああ、この人は相手への礼節を欠いている」と判断した瞬間に、関西弁に切り替えることにしています。私にとっては、相手の土俵で話すやり方より、自分が話しやすいやり方に切り替えたぐらいの気持ちですが、「ほな、〇〇はこうちゃいますの？」という言い方になったとたん、相手のペースが狂ってきたりするので、関西弁＝コワイというイメージを有効活用させてもらっています（そうでもしないと勝てない……)。

　質問通告が答弁前日の夜などギリギリに来た場合、割モメ合戦している間にどんどん時間が過ぎていくので、ある意味チキンレースな色合いもあり、どちらかの課が「ああもう、埒が明かない。今回だけだという条件つきで飲んでやろう」と折り合いをつけて終了することが多いです。

　本当は、平和で、譲り合い、お互いさまの精神で仕事がしたいものです。

　割りモメ案件以外は、みなさん基本的に友好的に建設的に仕事をしています。バチバチの割モメバトルの翌日に、「いや～昨日はお疲れさまでした～。今度〇〇の打ち合わせお願いします」と何事もなかったように、友好的な電話がかかってきます。それはそれ、これはこれ、仕事上の立場を恨んで人を恨まず、という霞が関式割り切り方なのかもしれません。

タマ出し、タマ込め、タマを打ち込む、発砲事件？

霞が関で飛び交う謎の隠語

A「次のタマなんかある？　そろそろタマ出ししといて」
B「あ〜ポキポキにタマ込めしとかないとですね」
A「なんか考えてタマを打ち込んどいてよ。あーあれどうなった？」
B「あれはまだピーで」

これは霞が関の中の人になって間もなく、近くに座っていた同僚の中で交わされた会話。私は中途採用で事前の研修がまったくなかったので、いわゆる「霞が関用語」が一切わからず、脳内混乱状態。

「タマ？」「タマを込めて打ち込む？」「ピー？」「ポキポキ……？」

怪しいセクハラ系の隠語なのか、物騒な銃の発砲の話なのか……。

とりあえず、わからないことは素直に聞くことにしているので同僚に意味を尋ねると、「あ〜そっか。これは霞が関用語なんですね」と笑い混じりに親切に解説してくれました（もう馴染みすぎて、一般用語との区別がつかないらしい）。

- タマ＝担当する業務の次年度の事業や方針のネタや案。次年度の予算にも直結するので、春頃から考えるもの
- タマ出し＝ネタや案を考えて出す（ブレーンストーミングのようなもの）
- タマ込めする＝ネタを考えて、何らかの公式ペーパーに入れ込む
- タマを打ち込む＝公式に事業や方針案を出す
- ポキポキ＝骨太（ほねぶと）の方針。経済財政諮問会議にて決議した政策の基本（骨だからポキポキするってことなのか!?）
- ピー＝ペンディングのP。保留すること。

以上を頭に入れてさっきの会話を翻訳すると、

A「次年度の方針や事業案、何かある？ そろそろブレーンストーミングしといて」
B「あ～政府の方針案に事業案を入れておかないとですね」
A「何か考えて事業案を入れておいてよ。あーあれどうなった？」
B「あれはまだ保留状態で」
になります。
今でも神妙な顔をしてポキポキと上司が言っているのを聞くと、吹き出しそうになるし、正直、言葉に出して「タマ」というのはいまだに恥ずかしくて抵抗があります。しかし霞が関の人として、頑張って顔色を変えないようにしています。

ポンチ絵は霞が関の現代アート

視覚的効果がパワポの強みでは……!?

「ポンチ絵」と聞いて何を連想しますか?

関西では、ちょっと間抜けな人を「いかれポンチ」「浮かれポンチ」と言ったりします(もはや死語?)。「ポンチ絵」=「おバカな絵」とイメージする方もいるかもしれないですね。

霞が関の「ポンチ絵」とは「概略図」のこと。役所で使うときは、事業や政策についてギュッと1枚のパワポにまとめた(詰め込んだ)霞が関現代アートを指します。

ポンチ絵の特徴は、とにかくぎゅうぎゅうに情報を盛り込んで、どこから何を読んだらいいのかわからないレベルの仕上がりであること。ある役所では、あまりに詰め詰めのポンチ絵を「曼荼羅《まんだら》」と呼んでいて、なんて自虐！　と吹き出しそうになりました。

なんでこんなことになるかというと、いわゆる「見やすさ」を重視していなくて、いかに事業の内容を「（例外も含めて）すべて、正確に、利害関係者も納得するように作るか」に命をかけているから。本来パワーポイントの強みである、「視覚化」が生かされていないのです。そして、たまに蛇足のようにフリーイラストを入れて親しみやすさを出そうとしたり、やたらとカラフルにしたりするので、逆にビジー（ぎゅうぎゅうで見にくいという霞が関用語）になってしまっています。

役所ポンチ絵を初めて作ったとき、

「パワポなんだから多くを語らず、視覚で訴えるんでしょ」

と、あまり説明のない図で表現する資料を作ったら、上司から、

「斬新だね～」

と（多分悪意はなく）感心されました。そして、他局の人からの、

「何が言いたいかわからない。このグラフとこのグラフの違いをちゃんと文字で説明するように。例外も記載しないと危ないよ」

と、言われるままに修正していくと、どんどん文字サイズも小さくなり、例外など細

かい説明を書いた、よく見かけるビジーなポンチ絵が完成していきました。なるほど、これが霞が関アートの作り方か!

最近は、さすがにこのポンチ絵が世間から不評なのがわかったからか、職員向けの「良いプレゼンテーションスライドの作り方講座」といった勉強会も開催されるようになっています。日々、国民の声に応えるべく(追いつくべく?)精進しているのです。

個人的には、仕事の中でパワポ資料を作っているときが一番幸せ。事業や政策のイメージを、いかにわかりやすく表現するかを考え、絵を描く作業がたまらなく楽しいです。ただ、外に出ていく時はギュウギュウな姿になってしまっていることもありますけどね……。

「おっしゃる通り！」は太鼓持ち芸人並み

あなたの言っていることはわかりましたよ……それ本当？

「おっしゃるとおり！」

ドドン！　と太鼓の音が聞こえそうな、この響き。仕事相手にこれを言われると、「わかってくれたか！」と非常に気持ちがいいものです。霞が関では、外向けだけでなく、内部の会議で集まっても、この言葉はしょっちゅう飛び交います。

「そっか〜、わかってくれたか。じゃあ話は早い」

と思っていると、おやおや？　なぜか話がかみ合わない。よくよく相手の意見を聞いていると、「反対してるやん！」と気づくわけです。こういうことはしょっちゅうで、会話の合間には「おっしゃるとおり」が連発されます。「今日は天気がいいですね〜」

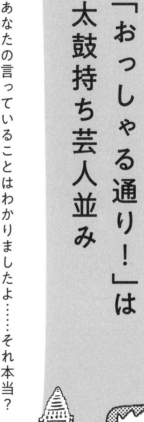

に「おっしゃるとおり！」と返すぐらいの気軽さで使っている様子。

そこで、「おっしゃるとおり」を私なりに意訳すると、「そっすねー。そうですかー」くらいのニュアンスでしょうか。「おっしゃるとおりですね～」というライトな言い方もあります。相手の話に割って入るときにかぶせるように「おっしゃるとおり！」と使って、そのまま寝技のように自分の話をするときに使っている人も……。相手を不快にさせない、会話をなんとなく潤滑にする、という意味では、なかなか使い勝手のいいフレーズなのかも。私はいまだに恥ずかしくて、「そうですね～」「なるほど～」「そうなんですか～？」と言っています。まだまだ未熟者です。

サブ・ロジ、イチポツ問題 これが言えたら霞が関人

日常用語で何て言うんだっけ？

霞が関の中に来て数年。だんだんこの世界に染まってきたな〜と思うことが出てきました。それを実感するのは、

・霞が関用語を日常で使ってしまいそうになる（恥ずかしい……）

・霞が関用語以外のフツーの日本語が出てこなくなるときです。

つい使ってしまう霞が関用語の代表格は、サブとロジ！

「サブは誰がやんの？」「ロジ決まってる？」「ロジがぐちゃぐちゃや！　ちゃんと詰めといてよ〜」などと使います。

サブはサブスタンスの略で、ロジがロジスティックスの略ですが、それでも意味不明ですよね。サブとは「いろいろな業務の内容そのもの、コンテンツやアイデアを考えること」で、ロジが「スケジュール管理はじめ、あらゆる業務遂行のために発生する準備をすること」を指します。

この「ロジ」という言葉は便利すぎるあまり、普段使いすぎてしまい困ります……。友達と旅行計画するときにも、新幹線の時間や宿の予約、などなど話し合っているときに、思わず、

「あ、私ロジ考えとくわ」

と言ってしまい、

「路地?」

と返されてしまいます。でも、こうした〝スケジュール管理含め雑用〟を普通は何て言うんでしたっけ、というくらい便利なんです。

2021年1月に河野大臣がコロナワクチン担当相となり、ツイッターで「コロナのワクチンのロジを担当します」とつぶやいたところ、コメント欄に「ロジってなんだ?」という反応があふれました。河野大臣、それ、霞が関に染まってますよ! あまりに便

利なので、むしろ、これを機に世の中に広まってほしい、霞が関用語です。

正しく読めなければ偽りの霞が関人⁉

もう一つ、「よくご存知で……あなたもこの業界の人ですね」と思うのは、ポツ読む問題です。

【例題】次の文章を口に出して読んでください。

1．朝起きたらすべきこと

(1) 歯を磨く

(2) 朝ごはんを食べる（和食が望ましい）

もし、出会い系などで出会った自称公務員で、職業が疑わしいなと思った場合は、この文章を読んでみてもらってください。

霞の中の人の読み方はこちら。

「イツポツ。あさおきたらすべきこと。りょうかっこイチ。はをみがく。りょうかっこに。あさごはんをたべる。かたかっこ。わしょくがのぞましい。かたかっことじる」

なぜか、1の横についた「・」まで欠かさず読むのです！　ほかにもよくわからない記号も読む人がいます。これが霞が関文学なのでしょうか。非常にまどろっこしいです。

検討会では、霞が関の人が資料の文章をひたすら読んで説明しているときが多いんですが、お経のようにイツポツ、ニポツ……と言っているのをじーっと聞いていると、正直眠くなります。オンライン検討会も進んできた今、お経読みのような会議説明もきっと改善していく……と期待しています。

Column3

霞が関用語シリーズ これを言えたら業界人！

芸能界に業界用語があるように、霞が関には霞が関用語アリ。隠語の一種だからか、国会や政治、資料絡みの用語が多いですね。慣れてくると、うっかり外で使いそうになって恥ずかしくなります。

用語① マルセイ

美味しそうな言葉ですが、マルセイバターサンドではありません。「マル政」と書き、ザ・政治案件です！　ひそひそ声で、「これ、マルセイなんで」と言えば、鬼に金棒、泣く子も黙るキラーワード。あっという間に、すごいスピードで案件が通ります。

用語② つるしをおろす

国会関係で使う霞が関用語の一つです。ある法律案が国会に審議してほしいと提出されたときに、法案を「つるす」と言います。私のイメージでは、居酒屋の壁にかかった紙に墨字で貼られているメニュー。たくさんつるされたメニューの中で、「どれを審議しようかな～」と国会議員が考え、「よし！　これにしよう」と法案を決めることを、「つるしをおろす」と言います。メニューが売り切れて壁からはがされる感じでしょうか。その期間中につるしがおろされず、法案がそのままにされてしまうと、次の国会でまた出し直しです。「つるしをおろす」ために与野党の攻防戦があるようですが、霞が関の人はつるしがおろされるのをひたすら待つしかないのです……。

用語③ 壁耳情報

こちらも国会関係の霞が関用語の一つです。国会関係のスケジュールは国会の各委員会の理事会などが決めているので、霞が関の人にも直前にしか伝わってきません。でも、予定がわからないと自分の仕事のスケジュールも決められないので困ります。

そんな中、「国会連絡室」という仕事をしている霞が関の人が「壁耳情報」というまさに「壁に耳を当てて聞いた情報」を最速情報として流してくれます。記者の人なども壁に耳を当てて情報をとると聞きます。現場を見たことはないけれど、みんな本当に壁に耳を当てているのかな……。

用語④ 国会が寝る、起きる

野党の国会ボイコットにより、国会審議が止まることを「国会が寝る」と言います。国会中に居眠りすることではありません。

与党への反対の意思を表すもののようですが、霞が関の人にとっては困るんです……。

国会当日、委員会に大臣はじめ局長・課長などが出席するのですが、野党が来ないとじっとその場で待っていないといけないので、時間の無駄になることはできるだけやめてほしいなと思います。ちなみに国会審議が再開することを、「国会が起きる」と言います。

用語⑤ お経読み

晴れて国会で法案が通ったときに、法律を読み上げることを言います。長〜い法律を読み上げるので、まさにお経。やっと通った法案！ というときには、「これでやっと終わったんだなあ」と、お経を聞きながら感無量です。

用語⑥ 1枚紙にする

上の人に案をあげるときは、「A4のワード1枚で書く」が定例です。良くも悪くも霞が関は紙文化なので、課長・局長・大臣に案件を相談するときは、「紙」を持って相談に行きます。パワポなどビジュアルを駆使したものはあまり使われません。さらに、上に案件をあげるときほど、シンプルに簡潔に書かなければなりません。大臣レベルになると、文字サイズもなかなかデカくなります。その中で、タイトル、背景、課題、目的、ソリューション案を書いていきます。研究計画や論文とほぼ同じ構成ですね。

アマゾンやグーグルなど巨大IT企業では、パワポを使わせずに企画案を出させるスタイルが取り入れられていると聞きます。文章できちんと構成・説明できることが大事、ということだそう。周回遅れだと思っていた霞が関の「ワード1枚で説明しきる」プレゼンスキルに、最先端企業が逆に寄ってきた⁉　パワポやｉＰａｄでプレゼンする時代に乗り遅れ、いまだ乗ってもいないうちに、霞が関の仕事の仕方が先を行っていたなんて。まあ別に、紙には出力しなくてもいいと思いますけどね。

用語⑦　イメージ発注

上司からの指示が曖昧で、部下が資料を作るときに困ってしまう際によく使います。資料を作って上にあげても「なんか違うんだよね～」と言いながら、「じゃあこうしてほしい」という具体的なイメージ、指示がないので、何度も手戻り、千本ノック状態になり、部下が消耗してしまうことが多くあります。「あの課長のイメージ発注のせいで今日も帰れない」という悪口に使います。

用語⑧　落としどころ

最終的に交渉当事者双方が納得できる着陸点。霞が関の仕事の多くは、いろいろな利害関係者との調整で占められています。カードを切るように、相手が納得いき、こちらも対外的に何とか立っていられる路線を探って、ちょうど両者の折り合いがつけられる場所が「落としどころ」です。ザ・交渉人。この役回りがうまい人は出世していっている気がします。

用語⑨　がっちゃんこ

書類と書類をまとめるときによく使います。官房などは、複数の担当部署に資料を発注するので、集めた資料をまとめあげるときに「がっちゃんこする」という作業がよく発生します。各所から集めた文書をガチャ～ンと合わせるので、がっちゃんこ。がっちゃんこする際は、一字一句間違えられないし、新旧入り混じらないよう気を使います。

用語⑩　クリア

上司の了解をとることを言います。国会答弁や資料などあらゆるものに上司のクリアがいります。どれくらいのエライ上司までクリアをとるかは、資料の内容の重要度によります。とっても重要な書類は関係各所にも了解を得る必要があるので、10人以上のクリアが必要になったりもします。オールクリア！　となったときは、思わずガッツポーズになります。私の脳内イメージは、100メートルハードル走で、すべてのハードルを華麗に超えていくイメージですね！

用語⑪　アントレ

アンドレ……？　ベルサイユのばらの貴公子のような言葉ですが、漢字では「案取れ」です。

検討会を開催したときは、事務局である霞が関の人が、複数の検討会の内容を「まとめ案」として作成します。その「○○検討会とりまとめ案」に対して、有識者がコメントし、それらを反映させ最後に了承をもらったものが「○○検討会とりまとめ」として公表されます。この最終版を、案がとれているものとして「案取れ」と言います。

用語⑫ 見え消し、溶け込み

霞が関では、文書をさまざまな部署に確認依頼をすることが多く、修正箇所がわかるようにするのが「見え消し」、最新版に反映させるのが「溶け込み」です。この2つの文書を作るのですが、ワードの校閲機能の変更履歴を使えばわざわざ2つ作る必要ないのに。

ちなみに霞が関の人は、法律の条文などを修正するときは「一太郎」を使っています（一太郎とは、かつて一世を風靡した（?）日本語ワープロソフトのことです）。縦書きには一太郎が使いやすいというのが採用理由のようですが、一太郎を使い慣れてない私にとって、見え消し、溶け込み作業は、「きっつーい！　イライラするー」と発狂寸前です。

用語⑬ 宿題

議員にレクに行ったときなどに、質問に対してその場で返答できなかったときに持ち帰るのが「宿題」です。これは一般企業でも、いろんな仕事で発生しますよね。ああ、宿題が難題だと大変です……。

用語⑭　スジワル

「筋悪」と書きます。よく使う使い方が「筋悪案件」。ぶっちゃけて言うと、「センスねーなー。この政策！」という意味です。やったところで意味があんまり見いだせない、社会に役に立つとは思えない、予算がとれる見込みがない、強いステークホルダーがいてなかなか難しいなどなど。政策作りに慣れていくとわかってくるセンスのない政策案が、たまにトップダウンで降りてきます。それは政治的な理由だったり、だいぶエライ上司からの指示だったりします。意見が言えないくらいのものだったりすると、「スジワルだな～～」とブツクサ言いながら、粛々と仕事をするしかないときもあります。

用語⑮　セット版

役所として外部に出す最終版の資料のことです。セットするからセット版。映画のDVDシリーズものみたいですよね。「明日の朝に、○○党勉強会にセット版を100部持ってきて」などと言われてしまうと、夜に何とか仕上がった資料を、夜な夜な、大量の紙をコピーして、番町皿屋敷のようにいちま～い、二ま～いと数え、クリップ留めする、若手の地獄の深夜残業につながります。早くペーパーレスになってくれ！

用語⑯　たたき台

資料の骨組み、粗々の資料のことを指して言います。「あ、もう全然まだまだなのは～

自分でわかってるんで～これを素材にどうぞ叩いて良くしていってください！」的な気持ちで、そっと打ち合わせで提出します。修正上等で出すので、心は折られません。

用語⑰　づきさん

秘書的な役割の人を、役職づきの人のお付きの人という意味で、「づきさん」と呼びます。

ちなみに、大臣や副大臣、政務官には「秘書官」という役割の人がいて、さまざまな案件を細かくチェックし、あらゆる情報を選別し、大臣を陰日向にサポートする役割の人がいます。その人は霞が関の人で生え抜きの、とっても優秀な若手の人（課長まではいかないけれどある程度経験を積んだ人）が選抜されており、もうスーパー超優秀霞が関の人です。政治家である大臣と公務員である霞が関の人のつなぎをやってくれる大事な役割の人です。大臣秘書官などは遠い将来の事務次官候補が選ばれます。

用語⑱　投げ込み

事業や資料をプレスリリースするときなどを「投げ込みする」ということが多いです。なぜ投げ込みという言葉はよくわかりませんが、気持ちはエイヤ！って野球のフォームで投げる感じだからですかね～。

用語⑲　ネガチェック

これも資料系のお話ですが、「だいたい大丈夫だと思うけど、大丈夫か一応チェックしてね」という依頼をするとき、「ネガチェックお願いしま〜す」という使い方をします。写真でいうポジではなく、ネガ。念のための間違いがないか確認する裏うち作業のようなものです。

用語⑳　バスケットクローズ

「包括条項」という意味です。法令などで何かを規定するとき、「1、〇〇　2、××　3、△△」と個別具体的に限定列挙していき、それだけでは規定しきれない場合や、弾力的に運用する余地を残そうとする場合、「5、その他◇◇なもの」などの形で包括的に規定することがあります。残りのものをバスケットに放り込んじゃう感じですね。似たような使い方で、「等」があります。便利なので「等」を付け過ぎると、「これ何の等？」と上司にツッコまれ困ります。

用語㉑　マター

案件。自分ではどうしようもない案件のときによく使いますね。「これは政治マターだから」「局長マター」「財務マター」「〇〇局マター」ということが多いです。「政治マター」と言われた時点で、下々の霞が関の人は心を無にしてやるしかありません。

用語㉒　呼び込み

「○○さん、5番テーブルにご指名で～す」的な呼び込み。お店のお話ではありませんが、似ているといえば似ています。

大臣や局長などエライ人はとっても多忙なので、分刻みで予定が入っていたりします。そうすると、予定通りに打ち合わせやレクが始められないので、エライ人の予定が空いたら、大臣の秘書官や担当者から「○○さん、来てくださ～い」と呼ばれるのです。これが「呼び込み」です。国会に向けて、早朝のレクなどは、大臣室の控室（待合室＝じゅうたん部屋と呼んだりします）でたくさんの人が順番に呼ばれるのを待っていたりします。

用語㉓　強制労働省、ホテル大蔵、通常残業省

残業が多い省庁の自虐ネタワード。

強制労働省＝厚生労働省

ホテル大蔵＝財務省（旧・大蔵省）

通常残業省＝経済産業省（旧・通商産業省）

と、それぞれの省庁を指します。人々の労働を担う厚生労働省が、残業させ放題、残業代も不払いの強制労働省なんて皮肉なものです。

ちなみに公務員は労働基準法の対象外なので、霞が関の人は「定額働かせたいホーダイパック」なんですかねえ……。

第5章

霞が関の魅力と課題

国家公務員になりたい人へ

霞が関で消耗してしまう4つの理由

若者がなぜ霞が関から去るのか？

近年、霞が関から若手の離職が増えていること、東大から官僚志望の人が減っていることなどがメディアで取り上げられ、国を支える屋台骨が危ないのではないかと不安視されています。

私は中途入省組の技術職で、下積みのしんどい所をある意味ファストパスで迂回してきたところがあるのですが、一緒に働く若手の霞が関の人たちを見ていると、

「こんな20代前半に（私がまだ学生で遊び暮らしていたくらいの年齢で）、こんなしんどい作業を真面目に深夜までやって健気すぎる…」

と気の毒に思うことが多々あります。

私自身も「あ〜もうしんどい。やってられんわ」と思ったこともありますが、それを上回るやりがいや面白さや、「まあ、いざとなったらいつでも転職するわ」という、ある種の〝転職経験者あるある〟の開き直りがあったので何とか帳尻を合わせて過ごせましたが、若手の人はこれから何十年もある霞が関人生をどこまでへこたれずにモチベーションを保ち続けられるのか、見ていて不安になります。

ここでは、「なんで若手が消耗しちゃうのか問題」について、私見で4つの課題を挙げてみます。

1　労働時間が長すぎる

私の知る限り、若手（20代）の人が、私より早く帰っているのを見かけたことはありません。国会がない時でも大体終電ギリギリまで働いている人が多いです。それぞれ役割は違いますが、若手の大半が予算などの細かい数字のチェック、大量に送られてくるメールの捌き、大量の資料を読み込んで担当者に割り振る作業、印刷＋資料送付等々の細かい作業を一手に引き受けている結果、地味に時間がかかります。素早い仕事の処理スピードを求められる中で、メールを溜め込むと、相手の担当者に多大な迷惑もかかるので常に必死です。毎日残業三昧なので土日は屍体《したい》のように寝ていると聞くと、20代のキラキラした時期に不憫すぎる……と思ってしまいます。

さらに最近まで残業した時間の全部には残業代が支払われず、給料も大学時代の同級生で民間に就職した人よりかなり低いという悲惨な状況でした。給料で得られるモチベーションもない状況だったと思います。

2　雑用が多すぎる

1番目とリンクしますが、学歴偏重をするつもりはないですが、高い能力を持った人が入省しているにもかかわらず、仕事内容が見合っていない問題があります。料理人の下積みで3年間皿洗いでした、というのが武勇伝として語られた昔と違い、料理人になりたいのに何年も料理できないのは効率が悪いという価値観になってきた現代、何に将来役立つかもわからない「短冊切り（担当者の割り振り）」作業やメールの打ち返し、印刷といった雑用に、若手のキラキラした目がどんどん死んだ魚のようになっていくのはもったいなさすぎます。

霞が関は、職員の仕事の効率化や職場環境の改善のためにほとんどお金をかけてくれておらず、現代だとＩＴやシステム、パソコンなど技術の力がありますが、すべて若手の人力で乗り切らせているところがあります。パソコンを良いものにする、仕事に必要なソフトやＩＴのインフラ整備にもっとお金をかけて、単純作業は事務委託できるようにするなど、若手の労力を違うところに注げるようになるといいなと思います。

3　政策決定に関与できない

若手の数年は主に雑用を一手に引き受けるので、重要な会議には参加すらできないことが多いです。自分のやっている仕事の重要性をあまり認識する機会もなく、ひたすら上からおりてきた仕事をこなす日々はやはりつらいでしょう。心ある上司だった場合には、若手の職員に今何が起きていて、どうしてこういう仕事をするのか、どういうことが課題か、ということを説明していることもありますが、補佐と言われる管理職前のバリバリ働く時期の人たちは、自分の仕事で手一杯。ですから、そこまでじっくりと若手と議論する暇がないのが現状です。

その結果、「国のために役立ちたい」「政策決定に関与したい」と希望を持って入ってきた若手の人たちは、日々の雑用に追われて、自分の仕事がどこにどう活かされているのか、という実感を持てないまま疲弊していっている気がします。雑用をこなすことで霞が関筋力をつけて、補佐になってバリバリに仕事を回していく、というのが上の世代の考えだと思いますが、業務量も昔に比べて半端なく増えた今、補佐になるまで耐え切れる人がどこまでいるのだろうか……と思うところです。

4　ムラ社会と古風な考えの人たち

霞が関の人たちは離職者が増えたとはいえ、終身雇用であり、中途入省の人もまだそこまで多くないので、人間関係の風通しが悪いところがあります。同じ大学出身者も多く、同じグループ内で異動し続けるので、職種でのコミュニティ意識が強すぎて、先輩後輩の関係性が濃い。いい意味で同じ職種内で面倒を見てもらえるシステムなのですが、悪い意味で「俺が若い時にもこうだった（だからお前もやれ）」「先輩に後輩が意見を言うなんてあり得ない」「他職種に負けるな」「あいつは出世頭、あいつは使えない」といったレッテル貼りをするような人もちらほら見かけます。

たまに大して会話もしたことがないのに、距離感近く偉そうに言ってくる人がいます。そういう人としての礼節がないのは霞が関コミュニティの中だけで生きてきた人なんだな、と思うところです。また、少なくなったとはいえ、職場へのコミットメントを強く求める人もおり、仕事を早く終わらせ、できるだけ早く帰ろうとすることや、産休・育休、時短・テレワークはあまりよく思わない、という古風な考えの人もいることは確かです。

（その他）国会に振りまわされる

そのほか、霞が関全体の課題として、私が消耗するなと思うことは、主に「国会周りの仕事に振り回されること」です。これまでにも取り上げてきた通り、国会中は国会の待機や突然の答弁作成などで、自分でその日何時に帰るかを決めることができません。友人に会う約束もできませんし、職場の飲み会も予定通りに集まることができません。日中に効率よく作業が終わっても、無意味に国会待機で夜を過ごさないといけなくなると、集中して仕事をするモチベーションも下がります。突然に議員からレク依頼が決まり、決まっていた会議や出張もドタキャンばかりになると相手に申し訳ないし、仕事も円滑に進みません。これが国会中にずっと続くので、とても疲れます。

国会以外のことで感じることとしては、昨今、ＳＮＳでの省庁の叩き方がひどい時があり、省庁ツイッターなどで何かの取り組みを広報しても、関係のない、いわゆる「クソリプ」や陰謀説などが飛び交います。そういう世間の反応を気にして、目立つことによるハレーションを恐れるあまり、頑張っている前向きな仕事も積極的に広報しなかったり、骨抜き状態にされてしまう時に、「なんやねんそれ。やってられんわ」と内心思うことがあります。立場的に保守的に対応せざるを得ないこともあるのは理解できる一方で、世の中に役に立つ事業も、その意義や存在が世の中に伝わらずに埋もれていってしまうのは非常に残念であり、虚しく思ってしまうこともあります。

まとめると、ブラックと言われているこの業界で、若手にサバイブしてもらうためには、仕事の労力と時間のコスト意識を上司だけでなく、霞が関に関わる議員、関係者みんなに持ってもらって、雑用は外注できるようにし、システムなどのインフラはＩＴに頼れるところは頼り、若手にも政策決定に関わるようなやりがいのある仕事を少しでもやってもらい、残業代はしっかり出す！　ということではないでしょうか。

霞が関で働くことの魅力

民間では得がたい体験。ここだからできる仕事

霞が関で消耗してしまう理由をつらつらと書き連ねたので、文句ばかり言わずさっさと辞めたらいいやん、という声も聞こえますが、それでもやっぱり霞が関で働き続けたい！　と思う魅力は確かにあります。

1　社会が動くダイナミズムを体感できる

これは他の仕事では得がたい魅力です。一つひとつの仕事が国全体の仕組みを動かす内容なので、その中の一員として働くことは責任感を感じますし、やっている仕事がニュースになることも日常茶飯事で、ダイレクトに世の中の反響が返ってくるのもやりがいを感じます。そして仕事として関わっているため、ニュースにはならないような、どうしてこの政策がこうなったのかというプロセスまでを、人間関係含めて知ることができるので「世の中ってこういう関係者で、こういう仕組みで、こういう風に動いていくんだ」というダイナミズムを身をもって経験できます。

私は、もともと現場にいた時に、国からおりてくるいろいろな事業が「なんでこうなったんだろう。どういう人が何を思って決めたんだろう?」という内情を知りたくて、霞が関の人になったという動機があります。ですから余計に「家政婦は見た!」的な気持ちで、いろいろな人間模様を知るのがとても面白く感じます。

2　一緒に働く霞が関の人たちがとても面白い

消耗する理由として霞が関の人たちのネガティブな面も言いましたが、それはごく一部の人たちであり、多くの人たちはとても頭がキレキレで、決断力も早く変化を恐れない。知識が豊富で何でも答えてくれるし、それでいてフレンドリーです。若い人が多いので活気もあり、それぞれのキャラも個性的。このあたりは第1章で触れました。そもそもブラックと覚悟しつつ入省している面もあり、仕事に対して誠実で純粋に世の中を良くしたいと思っている人が集まっている。よくわからない前例主義や、現状維持文化も少なく、いい取り組みはサクサク話が通じるし、どんどん仕事が進む。今まで働いてきた職場の中で霞が関の人は一番楽だな…と思います（国会対応は別問題）。海千山千の経験をした霞が関のトップに近い人たちの中にも、外見は一見普通なのに、話をすると誠実で、難しい事案も潔く判断される人もおられて、上司になるととっても安心できるし、そういう人に出会えるとちょっと感動します。

そういう人が生き残れた霞が関は、まだ健全だろうなと思うし、若手の希望でもあります。

3　多種多様な人に出会え、幅広い仕事ができる

これは霞が関の人の特権だと思います。ここにいなければ話をする機会を得られないようなエキスパートの人たちから直接話を聞くことができます。あるいは業務の一環でいろいろと調べる中、有識者として話を聞きたい人がいたり、視察に行きたい場所などあれば直接連絡をとってお願いしやすい立場になります。国の政策に役立つなら、と会ってくださる人も多く、国内外ジャンルを問わず、いろいろな人たちと出会え、本当に貴

重な経験になります。2年で人事異動をするのが基本なので、さまざまな分野の新しい仕事ができ、新しい刺激が好きな私にとっては飽きることはあまりないのもいい点です。異動先も霞が関内の他省庁に行くこともあれば、全国に出向先もあり、さらに海外の勤務先もあるので、転職と同じくらいにバラエティに富む経験ができて、ある意味霞が関内で消耗しても、数年間出向することでパワーチャージができるというメリットもあります。

疲弊して辞めていく人も、〝国を動かすドでかい案件を扱うしびれる仕事は、民間でも地方自治体で経験できない〟という霞が関の魅力は十分に自覚していて、後ろ髪ひかれる思いで去っていくケースが多い気がします。

現在のところ、一度辞めた人が霞が関に戻ることがなかなか難しいのが現状です。また若いうちに入らないと、入省できる枠は少ないので循環が悪い。霞が関を辞めたあとでも、いろいろな経験を積んでリベンジできる制度がいつか導入されるといいなと思っています。

他業種から霞が関の人に変身する方法

にわかに霞が関人に擬態する方法がいくつかある！

今まで名もなき霞が関の人たちの奇妙な日常を語ってきましたが、伏魔殿のような霞が関業界を、ずっとは怖いけど、ちょっと興味本位も含め経験してみたいな〜と思う人も出てきたのではないでしょうか（そうでもないですか？）。

私としては、他業種の経験者の人がたくさん霞が関業界に来れば、風通しも良くなるし、生粋の霞が関人との異文化コミュニケーションでお互いにいい発見や相互理解ができ、霞が関内にも新しい風が吹くだけでなく、世の中にもこの業界の理解者が増えるのでいいことではないかな、と思います。次のページから、期間限定で霞が関で働く方法をお伝えします。

1　期間限定職員募集での入省

それぞれの省庁のホームページ内にかなり頻繁に職員の募集があります。主に技術職が多いですが、数年間常勤として働くという方法です。待遇も仕事内容も所属中は霞が関の人と同じです。かつて私が所属した課の中で、20名くらいのメンバーで正規職員は2名だけで、残りは他省庁からの出向者、医療機関、研究機関からの人事交流、期間限定職員、というケースがありました。他の課からは「外人部隊」として奇妙がられていましたが、暗黙のルールもあうんの呼吸もない中での異文化交流は良い経験でした。

2　所属する組織からの出向

私は最初この方法で入省しました。ＩＴや医療、研究など専門的分野や、日ごろ省庁とのやり取りがある企業から「人事交流」として、自分の専門に近い分野で2年程度働きます。専門職の人はどういう人事交流があるのか、一度確認してみてもいいのではないでしょうか。

入省したら、霞が関用語といった霞が関の独自ルールは周りの同僚が教えてくれます。そして自分の知識や経験を事業に入れ込み、専門家との打ち合わせでは霞が関の人たちと専門家の両方の立場を知る者として通訳のような役割を果たします。もともとの専門分野を持っていれば、その分野の課に所属することが多く、霞が関の人と異文化コミュニケーションができて、かつ国で専門知識や経験を使えるので、大きな仕事になるのは面白いです。

3 地方自治体からの出向

都道府県、市町村から国への「研修」「出向」といった身分で国に出向する仕組みがあります。ちょうど管理職にならない程度のベテラン、しかも生え抜きの地方公務員の方が来られることが多いです。自分で志願してというより命じられて来られることが多いので、同じ公務員とはいえ全然違う文化の霞が関をつらく感じてしまう人もいれば、自治体としての意見を霞が関の人たちも聞いたりすることも多いので、自治体職員のアイデンティティを活かせ、生き生き働いている人もいます（通常業務は霞が関の人と同じです）。

自治体に戻っても、霞が関の経験は必ず役立ちます。人間関係も継続していけるので、霞が関の人材不足を補うという役割もありますが、プラスにとらえるといい経験になると思います。

4　官民人事交流制度

人事院が主催していて、国家公務員が民間企業に一定期間派遣されたり、民間企業の人が国で一定期間働く仕組みです。詳細は人事院のサイトに記載されています（私も詳しくはよくわかりません）。

官民人事交流（jinji.go.jp）

霞が関で少し働いてみると、社会の動きに敏感になります。また、国の政策の動きなど、ホームページを見てもよくわからないことが多いですが、どこに何が書いてある、いつ頃にどういう動きがあるというのがわかっているので、専門分野がある人は出向が終わっても専門分野の動きを追い続けられるメリットがあります。

仕事のカウンターパートになったとしても、内情もわかるので表向きにはわかりにくい霞が関の人の無理な発注にも優しくなれるんじゃないでしょうか（なってほしい）。

元霞が関の人たちによる巻末対談

時間に対する概念を変えることが、持続可能な働き方につながる

本書の締めくくりとして、著者・霞いちか（本文中はK）と省庁での勤務経験がある二人の方による三者対談を掲載。実際に霞が関で働いたからこそわかる魅力と課題についてとことん語っていただいた。

Aさん：大学院博士課程在学中に高校非常勤講師として勤務。C省の専門調査員として海外に駐在中、国家公務員総合職試験後の官庁訪問に合格し、1年勤務の後に別のD省に入省。D省を退職後、大学での研究員を経て中途採用でE省へ。E省を退職後、別の大学の助教として勤務。

Bさん：大学院から民間のベンチャー企業に就職し、その後広告業界へ転職。コロナ前に官民人事交流制度によってF省に出向し、約3年勤務した。続いて大学の特任助教として約3年間勤務し、現在は民間企業に勤務。研究員としても情報発信について研究している。

ステークホルダーが多い霞が関。提案が通るまでには膨大な時間が

——実際に霞が関の官庁で働き始め、Aさんは学校、Bさんは一般企業と比べて仕事の進め方や働き方について、印象的だったことを教えてください。

A：教員というのは自分が教える立場なので、授業計画や実施など、基本的にはすべて自分でマネージメントするんですよね。一方で、霞が関は非常にステークホルダーが多くて、提案が通るまでにすごく時間がかかるというのが衝撃というか、驚きでしたね。ステップを飛ばしてしまうと、「おれは聞いていない」

という反発にあったりします。そして、やはり遅くまで仕事をしていて、「みなさん、いつ帰るんですか?」と思わず聞いてしまったこともあります。

B：国会会期中は、待機や厳重居所といった対応のランクがあります。厳重居所であっても、来い（出勤しなさい）という依頼があれば行かなければなりません。

K：その指示も遅い場合があって、「早く言ってよ〜」と思います。あうんの呼吸というところもあるので、何も言わずにサッと帰る人もいて……「えっ、解除（＝帰宅してOK）だったんですか」みたいな。国会会期中は、とくに退勤のタイミングがよくわからないですよね。

B：働き方の話でいうと、お昼に電気が消えるとか、某飲料メーカーの販売員や保険外交員さんが来たりだとか（苦笑）。

K：官庁はセキュリティが厳しいのに、なんで保険外交員と新聞記者は、自分たちの席までやってくるんだろうと思っていました。大事な書類を作成中に席の後ろを通らないでほしい。

B：廃棄した書類の取り扱いにも注意が必要ですよね。

――中央省庁で働くことができてよかった、霞が関だからできたというのはどんなことでしょう。

B：一般企業と異なり、利潤の追求を目的とせずに、人々のために自分の労力や知識を存分に活かせるという点で、私の性に合っていて本当に楽しかったですね。ケースによっては、その領域のトップクラスの専門家の先生とひざを突き合わせて意見交換したり、最先端の技術を懇切丁寧に教えてもらったりもしました。また民間企業にコラボレーションを提案する際も、官庁からの相談事ということで、話をよく聞いてくださるなど協力いただきました。いろいろな面で、国でしかできない仕事だなぁ、と感じましたね。

A：なんのバイアスもかからず、国の立場で「いまこうこうこうなんです」と率直に言えるというのは新鮮で、よかったなと思うことです。

官僚に求められる能力とは？

――政治家や大臣の出張業務などに関して、官僚はどのようなことをしているのでしょうか。具体的に言えることがありましたら教えてください。

A：大臣、副大臣の出張であれば、今回の出張はどういった目的で、どういったアウトカム（＝成果）を得るために組んでいるのか、相手国の情勢や先方の要人はどういう人物か、どういった回答を相手から引き出すのかということは、事前にかなり丁寧にレクチャーをします。現場での対応は基本的に大臣、副大臣にお任せしているので、官僚側は、内容をインプットしてもらうための準備をしっかりとしなければいけませんでした。

K：外国の大臣をアテンドしたことがあります。私は大使館の人と地元の警察、通訳の調整役でしたが、大臣が某ファストファッションの店舗を見たいと仰ったので時間調整をしたり、急にトイレへ行きたいとなった際のご案内など細かく対応しました。

――政治家や官庁で働く人に対し、官僚には

どのようなスキルが求められると思いますか。

A：臨機応変力、言い換えれば〝すぐ動く〟という気質でしょうか。先ほどのKさんの例を挙げると、急に店に行きたいと言われたときに、そこで思考がフリーズしてしまうのではなくて、「わかりました」と一言言って最寄り店舗をすぐ調べたり、「このタイミングで行きましょう」と提案する機転が利くかどうか。トイレも事前に調べておいて、スッと案内できるようにしておくなど、万が一を想定した事前の準備力も大事ですね。

K：官庁で働く人は皆さん、「言いたいことは3つある」みたいな感じで、簡潔に要領よくしゃべる力がすごくあると思います。そして、「できません」をあまり言わないという印象があります。実際、できないと内心思っていても、何とかできる方法を何案か考えて、実行する力がありますし。

B：コミュニケーション能力は大事だと感じます。話すだけではなく、それがなぜ必要なのかという説明する力も含めてですね。特にいままでやっていなかったことを企画すると、「前例はあるのか」と聞かれる〝前例主義〟が必ず出てきます。でも、こういう課題があって、だから必要なんです、とストーリーを描いてしっかり話せれば、わかってもらえます。

企画は部署内でたたかれます。たたくというのは〝もむ〟（ブラッシュアップ）という意味です。決して〝攻撃〟ではなく、再度提案するためにいただいているフィードバックなので、忍耐強くこちらも対応していく。そうすれば、ちゃんと応えてくれる組織だと私は思っています。

官僚は国民の税金で働いていてルールに反

することをしてはいけないと、基本的に思っている方々だと理解しています。ルールに反することをすれば、それこそ門前払いです。

――一般企業とは違う、官庁独特のルールや慣習にはどのようなものがありますか。

B：「窓際」という位（身分）の人たちがいます。民間企業と違って、偉い人のことを意味するのですが、彼らには必ず意見を伺う文化がありましたね。ほかにも民間に「議員レク」はまずないですし、記者クラブもないですよね。あと、人事異動の辞令が基本1週間前に交付されるんですけど、民間ではそんなギリギリの辞令はあまり聞かないです。そして、異動のあいさつのポーズも独特で、中腰でぐるぐる回るんです。

K：あいさつされる側は、「ご栄転おめでとうございます」と返します。卒業式みたいな感じで。

A：なかなか慣れなかったのは、言葉の使い方です。いわゆる霞が関用語ですね。さきほど出た「議員レク」や、「政府の骨太の方針」の話のことを「ポキポキ」とか……総理秘書官を「ソヒ」と言うなど、省庁専門の用語もいろいろありました。

B：霞が関共通の用語だと他にも「じゅうたんべや（＝大臣や政務官など幹部の部屋）」とかありますね。

用意した答弁はそのまま読んでもらうのが理想

A：いまはどうかわからないですけど、紙を大量に使うことにびっくりしました。必要な部数プラス10〜15部ほど印刷して、余ったらゴミ箱へ。機密事項も記載されているのでリサイクルペーパーとしては使えず、シュレッダーにかけます。

ですが、たまにそういう資料が机の上に置かれたままになっているのを見かけたこともありましたし、情報の取り扱いに関しては意識が低いと正直思いました。

B：各部署にテレビありますよね。国会答弁をみんなで固唾を飲んで見ています。

A：誤った発言があったときに、すぐに訂正しなくてはいけないですからね。質問者や答弁側が入れ替わったあとだと、修正手続きが面倒なんです。

K：フリートークしがちな大臣はヒヤヒヤです。もちろんそういうタイプの大臣は、細かいレクをしなくても、意味をつかんで理解して自分の言葉でしゃべってくださったりするので、担当としてはありがたいところではあるんですけれども。

――答弁のペーパーだけを見て話す政治家が批判されることがありますが、自分の言葉で話すことが一概にいいとは言えないということですか。

A：官僚の立場からすると、用意した答弁通り話してほしいという思いはあります。それは、現状でベストな回答をまとめているからです。一方、国民には用意された答弁を読み上げているだけに映るので、難しいところですね。ただ官僚側も「思い」だけで答弁は作れません。現状を見た上で、思いをグッととらえて答弁を作っているという面もあるんじゃないでしょうか。

K：答弁前の大臣との擦り合わせで、官僚が作ったものに納得がいかなければ修正させられます。だから、大臣の意向は入っているんです。見えないところでの調整なので、表には出ないんですけど。

A：大臣も、国民の目線をすごく気にしてアンテナを張っているじゃないですか。だから、答弁を見て、「こうしたほうがいいんじゃないの」と、提案する人のほうが多いかなという印象はあります。

タイミングを見誤れば炎上も。でも発信しなくてはいけない

――国民と霞が関の感覚に隔たりがあると感じますか。あるとすると、その要因は何でしょう。

B：たとえば、WEBサイトが見にくい、表現がわかりづらい、ということはあると思います。

でもそれは、「伝わる表現」以上に法的根拠も含めて「正しい表現」をしなくてはいけないということが前提にあるように思うので、ある程度は仕方がないのかなと思います。当然、「正しく伝わる」情報発信については、常に努力していく必要がありますね。

難しいのはプレスリリースを出すタイミングです。たとえば、国民に注意喚起をする場合、いたずらに恐怖心をあおっても仕方がないので、常にバランスと闘いながら情報発信をしていました。そこで見誤れば、炎上や非難につながるんですが、たとえ国民に関心がなくても、国側として発信しなくてはいけないことはあるんです。それに国民がこんなふうに考えている、悲しんでいる、怒っているということを理解した上での発信は大前提ですけれど、必ずしも国民に迎合しなくてもよいと私は思うんですよね。

K：リーフレットでの表現について、どう書くべきかというのを、偉い人が集まって2日間くらい議論したことがあります。いろいろな文言を検討したんですけれど、さまざまな立場の人の意見を集約した結果、すごくまどろっこしいメッセージが発信されました。こういうところがわかりにくいと思われちゃう要因なんだろうな、と。

B：情報を発する側も受ける側も国民とはどうあるべきかということも、同時に考えていかないといけないですよね。批判ではなく、提案だと建設的ですよね。

A：国って、情報を発信するターゲットがすごく広いじゃないですか。特定の層、ターゲットであれば発信しやすいけれど、「国民全体」を納得させるとなると、いろいろな考えの人がいるし、難しいですよね。

B：そこも、各テーマにおいてメインのターゲットは存在し、ターゲットをしぼろうと思えばしぼれると思っています。「特にこういう人たちに向けて優先的に発信したい」と説明もできますし。

K：官僚はしぼるのが苦手かもしれないですね。しぼったほうが響くんでしょうけれど。

B：誰向けのメッセージかを明確にしないと、届けるべきメッセージは届かないと思います。

タイムイズマネーという概念が霞が関にないのが課題

――いまは霞が関を出て働かれていますが、官庁で働く人たちにとって、こういう部分が改善されるといいのでは、と思うことを教えてください。

K：若手で正規職員として入って、いろんな雑用だけでしんどくなっちゃって、仕事に魅力を感じながらも、5、6年で辞める人が増えていると感じていました。体力や精神的な問題で辞める決断をすること自体は仕方ないと思いますが、元々目標や志がある人材がいなくなるのは残念です。だから、1回民間に行って、いろいろ経験を積み、35〜40歳になって正職員として戻ってこられる道があればいいと思います。根性で残った人だけが幹部になれる、というのはもったいない。技術職ですと経験によって35、6歳から正職員として働ける道もあるんですけど、総合職の人たちにはないので。

A：ずっと前から思っていたんですけど、ITに関して言えば、クラウドの導入ですよね。霞が関はいまだにメールにファイルを添付して送信し、そこに必要事項を入力して、送り返して、ダブルチェックしてもらうような、よけいなスキームがものすごく多い。

B：議員レクも、ひとりの議員に対して部署をあげて取り組むわけですけど、そういう業務ももっと効率化しないといけないんじゃないですかね。

K：それは思います。同じ質問を禁止にするとか。あと、議員が質問してきたタイミングを公開してほしい。「○○議員は前日の夜9時に出してきた」ということがわかるように。

A：完全にタブレット使用になった党の委員会などがあったり、少しずつ変わってはいるんですけど、ドラスティックな変化にまでは至っていないというのが現状かと思います。

K：この現状を訴えられる人がいないですよね。国民は知らないし、国会議員はこのままのほうがいいし、官僚は訴える術がない。

A：DXはクラウド的な部分の改善が大きいと思っています。それができると、時間の使い方がガラッと変わるはずです。私がずっと感じていたのは、タイムイズマネーという概念が霞が関にまったくない点です。深夜2時3時まで待機っていうのがざらにあるんですけど、霞が関にはそれが「個人の時間」という概念がないので、いくらでも搾取されてしまう。私はそれが耐えられなかった。

時間の捉え方をもっと改善しないと、霞が関の働き方は変わらないし、そこを改善していくことがいわゆる「持続可能な働き方」につながっていくのではないかと思います。小さいお子さんを育てていたり、介護する方がいたり、いろいろな家庭や状況があるのに、全部とっぱらって一律に「お前はここまでやれ」ということになってしまうと、仕事と家庭の両立っていうのはできないですよね。

B：そう思いますね。働いている人とその周囲の方々を不幸にしますよね。私自身のメンタルと我が家も危なかったです。本当に。公務員は国民の税金でメシを食べてさせてもらっているみたいなイメージがあるかもしれませんが、そうじゃないと思うんですよね。多くのものを犠牲にしているし、それに見合った報酬を得ているかというとそんなこともない。適正な評価と報酬を与える努力をしないと、たしかに持続可能なものにはならないいんじゃないかと思います。

——本日は、体験に基づいた貴重なお話をありがとうございました。

Profile
霞いちか
他業種から30代半ばに転職し2016年から6年間、霞が関で国家公務員として勤務（現在、出向中）。エンタメ、サブカル好きで、中に入って初めてわかった霞が関での面白くて、たまに切ない日常をゆるくつづるブログを2020年にオープン。
この本を通じて、楽しく、国の政策に興味を持つきっかけになればと願う。
noteブログ「霞が関の人の日常」→ http://note.com/ichika_maikka

カバー・本文デザイン　二ノ宮匡（nixinc）
カバー・本文イラスト　丸山誠司
DTPオペレーション　貞末浩子
編集協力　田中瑠子、馬渕綾子
編集　滝川昂（株式会社カンゼン）

霞が関の人になってみた
知られざる国家公務員の世界

発 行 日　2023年2月23日　初版
2024年6月18日　第2刷　発行

著　　者　霞 いちか
発 行 人　坪井 義哉
発 行 所　株式会社カンゼン
〒101-0021
東京都千代田区外神田2-7-1 開花ビル
TEL 03（5295）7723
FAX 03（5295）7725
https://www.kanzen.jp/
郵便為替 00150-7-130339
印刷・製本　株式会社シナノ

ISBN 978-4-86255-596-0
Printed in Japan
定価はカバーに表示してあります。

ご意見、ご感想に関しましては、kanso@kanzen.jpまでEメールにてお寄せ下さい。お待ちしております。